JN042527

君は君の人生の主役になれ

鳥羽和久 Toba Kazuhisa

★──ちくまプリマー新書

412

目次 ＊ Contents

はじめに……9

第1章 学校に支配されないためのメソッド……17

同調圧力に負けるとき……18
みんな一緒じゃないと許されない世界／傷つきの後に「大人になる」こと
社会に適応することで失うもの……27
大人の意図を汲み正解を求めようとする／生きる実感を大切にする
あなたは別に弱くないし、孤独なままに世界と繋がっている……37
内面化された「弱さ」／孤独なままに世界と繋がる
先生と僕……48
教育現場の惨状／学びは非対称な関係に依存する／親という人生最初の先生／
尊敬されない学校の先生／僕の大好きな先生

第2章　自分独特の世界を生きる……65

あなたはもう恋をしている……66
恋とは他者を使用すること／共感では足りない

君もワンチャン狙ってるの？……72
偶然性の時代／ワンチャンという幻想／あなたは「自由」の手ごたえを知っている

ある高校の生徒会室にて……86
社会的包摂という新たな支配／差別があるままに他者と繋がる世界に生きている／あなたは差別と共に生きてきた

善が偽装された世界……97
悪を実体化する「善き人」たち／善が偽装された世界に生きるあなたへ

「自分の言葉で話す」って難しい……107
言葉は誰のもの？／言葉は新たな現実をつくる／自分の言葉で生きるために

第3章　親からの逃走線を確保する……119
あなたの人生を阻害する親という存在について……120
自分の不安をまき散らす親／親は真綿で首を絞めるようにあなたの生きる力を奪う／親はあなたを「別の現実」に巻き込む／親はあなたから奪い尽くす
親はいかにして親になったのか……135
親は自分の言葉を手放して親になった／主体性が曖昧なまま育つ子どもたち／理解のある親はあなたの抵抗力を奪う／親はいかにしてあなたに愛を伝えたのか

第4章　お金で回る世界……149
お金という「可能性」がほしい……150
お金に象られた世界をサバイブする／意味を食べる人たち
生きのびるための資本論……163
資本による実質的包摂／みずからを生産拠点にする／複雑さに耐える／差異を

利用する／資本主義的価値の内面化／差異を手段として扱うな／人間は資本に包摂される

第5章　勉強という名のレジスタンス……193

宿題っていったい何なん?!……194
宿題の初期設定がおかしい／あなたをダメにする大人のコントロール／甘い言葉をささやく大人はあなたを成長させない

「成績が伸びない」は本当か？……203
自分の不満を子どものせいにする親／大人のストーリーに巻き込まれる子どもたち／「成績が伸びない」あなたへ

あなたは何のために勉強するのか……217
人の役に立つための勉強／勉強で自己が変容する／勉強を通して自由を手にする／好きには嫌いが混じっている

将来の夢は何ですか？……232
大人は「やりたいこと」を選んでいるのか／自分の特性を見極め、自分の欲望を見つける／「選択」よりも目の前に没入する

あとがき……243

図版トレース　朝日メディアインターナショナル

はじめに

いきなりですが、あなたは学校が好きですか？　友達に会える場所だから好きだという人もいれば、めんどくさいから嫌いだという人もいると思います。もっと具体的な理由、たとえば、朝起きるのがしんどいとか、担任の先生が苦手だとか、友達と最近うまくいっていないなどの理由から、好きになれない人もいるかもしれません。中には、どうしても好きになれなかった結果、学校に行かなくなった人もいるでしょう。

もし、あなたがいま学校が楽しいと感じているのなら、とても運がいい人です。しかも友達に恵まれていて大きな悩みもないんだとしたら、ちょっとうらやましいです。でも（こんなことを言うとせっかくの楽しい気持ちに水を差すようで悪いのですが）、あなたのその楽しさはこれからもずっと続くとは限りません。あなたのそばにもいるいま学校が楽しくないと感じている友達は、最初から楽しくなかったわけではなく、ちょっとしたことがきっかけにそうなった場合も多く、それがあなたに明日やってこないとも限らないのです。

その意味では、誰もが明日のことさえわからない不安定な中で学校生活を送っていて、だからこそ、ある日は先生の機嫌をうかがってみたり、別のある日は友達からのメッセージの返信に神経を尖らせたりするのでしょう。つまり、**学校生活をあなたの手でコントロールすることなんて到底できなくて、肝心な部分は偶然に委ねられているからこそ、あなたはその中でとりあえずの最善を尽くすしかありません。**

私は仕事柄、多くの中高生とおしゃべりをする機会があり、毎日のように彼らがこぼす愚痴を話半分に聞きながら、言葉にならないため息に耳をそばだてる生活を送っています。

彼らは学校に対する不満でいっぱいです。理不尽な校則、ハードすぎる部活動、たくさんの宿題、威圧的な先輩たち、上から目線の教師、校長の長すぎる話……。そして受験が近づくと、今度はそんな不満がどうでもよくなるほどに、将来に対する不安が頭の中の多くの部分を占めるようになります。

そんな彼らと話していると、なんとかしてそういう不満や不安を少しでも軽くしてあげられたらいいのにと思います。だから、私は学校の対応がおかしいと感じたときには、直接学校に電話するなどして、子どもたちに襲い掛かる理不尽を解消するために動いてみることもあります。別のあるときは、彼らがいま抱えている不安についてとりあえず話を聞いてみるけれど、結局何の結論も出ないままにその子の不安げな背中を見送るだけのこともあります。

そうやって、私が彼らと話をする中でひとつ気づいたのは、彼らはその不満や不安を解消するために現状をリセットすればOKなのかといえば、案外そんな単純な話でもないということです。なぜなら、多くの子どもたちはイヤだとかきついとか言いながらも、なんだかんだ部活や塾を続けているし、定期テスト前になればとりあえず必死に漢字や単語を頭に詰め込もうとしているからです。つまり、こんなことをやっていったい将来何の役に立つんだろうと疑問に思いつつも、**苦しみながら勉強や部活に励むことを通して、あなたは深いところで人生を楽しく幸せに生きようとしているんです。**

苦しいことをするのは幸せじゃないはずなのに、あなたは決して厄介なことはすべてなくなってしまえばいいとは考えていません。それは、あなたが苦しいことを経験しなければ幸せになれないと考えているわけではなくて、少しくらい辛いことでも、何もしないよりはずっと、それがそのまま生きることの実感に繋《つな》がっていることを知っているからです。人間は苦しいことを進んでやってしまうくらいよくわからない生き物です。人間ひとりひとりが理解し尽くすことができない存在であり、だからこそ、わからないことに対してわかったふりをしたり、はじめからなかったことのように蓋を閉めたりすることを続けるのは、下手したら人間の消滅に繋がりかねない危険なことだということを頭の隅に留《とど》めておいてください。

私はこの本で、十代のあなたが学校や社会、家庭などですでに直面していると思われる理不尽な事柄を描きながら、なぜそうなってしまうのかという謎を、その背景にある構造を踏まえながら読み解いていきます。なぜなら、あなたがまさにいま、そういった理不尽なことに慣らされ、心を麻痺《まひ》させることを通して、「大人」という新しい生き物に生まれ変わろうとしているからです。あなたの違和感は、あなた独特の譲れないものだったはずなのに、それを抑圧して周りに合わせることで、うまく生きることを選ぼうとしているからです。

うまく生きようとするのは、決して悪いことではありません。いつまでも好き勝手なダダっ子のままでは、他人と手を取り合いながら生きていくことができなくなりますから。でも、そうやってうまく生きること、言い換えれば、損得勘定を優先することばかりにこだわって、自分独特の生き方を手放す人が多すぎるのです。そのような人たちによって形成される集合のことを「社会」と呼ぶのだとすれば、それはあまりに味気ないのではないでしょうか。

さらに、独特の生き方を放棄した手負いの人たちが、自分でも気づかないうちに抑圧された怒りをため込み、ふとしたときにそれが他者への攻撃という形で暴発するとしたら、それがさまざまな差別や暴力の源泉だとしたら、こんなに恐ろしいことはありません。

これらの意味において、あなたがいま、自分が何を手放して大人になろうとしているのかを見つめることは、それだけであなたが社会の悪意に巻き込まれることの抑止になるし、さらに、あなたが社会の中にいながらも、あくまで自分の人生の主役として生き抜くためのヒントになるはずです。

あなたが理不尽に立ち向かう胆力を得たとして、あなたの前にはさらにもうひとつ大きな壁が立ちはだかることになります。それは「正しさ」を求めることの難しさです。理不尽なことと戦うためには根拠が必要になります。だから、あなたは「正しさ」を手に入れることで、それを根拠地にしようとします。実際、ある特定の「正しさ」を妄信することで敵をみずから作り出し、それと戦うことで生き延びるエネルギーを得ている大人はたくさんいます。

ところが、誠実すぎるあなたは気づいてしまうのです。手に入れたはずの「正しさ」は、根拠地にするにはあまりに相対的であやふやなものだということに。それは立場が変われば変わってしまうものであり、ひとつの「正しさ」について絶対的な合理的根拠を得ることは不可能であるということに。

このような不可能性が目の前に立ちはだかったとき、それでも絶対的な根拠を得たい人たちは、例えば数学や科学といった世間で正しさの承認を広く得たものを利用しようとします。そのことを通して自分の考えが許容される範囲を最大化しようとするのです。しかし、これが大きな躓《つまず》きのもとです。世界はいまだに謎《なぞ》だらけで、わからないことに満ちあふれているのですが、そのわからない事柄が「自然科学で実証された」という触れ込みで、さもわかったふうに提示されるようになるのです。**世界は偶然に覆われていて、ほとんどのことは理屈どおりに進まないのに、そこにむりやり因果関係を差し挟むことで、理解可能性がでっち上げられるのです。**

このことは、現在までの自然科学における努力の積み上げを台無しにしてしまう事態です。多くの人は自然科学の内実をよく知らないままにその信憑性《しんぴょうせい》に惹《ひ》かれて、その効果だけを都合よく利用しようとします。そうすると、必ず間違いが起こるのです。そして、間違いの後には物事の複雑さが顧みられることがなくなり、偶然性は否認されるようになるのです。

理不尽と戦うための根拠を得ようとすると、認識が単線的になり、結果的に複雑さや偶然性が捨象されてしまう。これは大きなアポリアです。しかし、あなたが理不尽と向き合うときに、それは避けることができない課題としてあなたの前に立ちはだかります。

だからこそ、あなたは「正しさ」を切望しながらも、聞こえのいい「正しさ」に安易に寄っかかることなく、自分独特の道を探っていかなければなりません。なぜなら、そのような手探りの独創だけが、きっとあなたの人生を根底から支えてくれるからです。

できるだけ安心に生きることを願いながらも、それでも自分なりの楽しい人生を見つけていきたい。そう思っている人たちにこの本が少しでもヒントになればと願っています。

世界には君以外には誰も歩むことができないたったひとつの道がある。その道はどこにたどり着くのかと問うてはならない。ただひたすらに進め。

フリードリヒ・ニーチェ『反時代的考察』第3部

第1章

学校に支配されないためのメソッド

同調圧力に負けるとき

Sくんはサッカー部の中学二年生です。土曜日に隣の校区の中学校で練習試合があり、彼らのチームは5―0で負けてしまいました。もう完敗です。

それで、試合直後の反省会のときに、三年生のキャプテンが「僕は自分の弱さを反省してボウズにします」とみんなの前で言ったんですね。すると、たちまち場の空気が変わって、他の三年生たちも「僕もボウズにする」と次々と後に続くわけです。

一つ下の二年生たちは、思わぬ展開に震え上がります。試合に出たのは二年生の中では二人だけでしたから、三年生のように「反省」する十分な動機を持たない子が多いんですね。それでも、その場の空気（こういうのを「同調圧力」といいます）におされて、二年生の最初の子が「僕も応援のときに少しサボっていたからボウズにします」と殊勝にも理由までつけてボウズ宣言をしたわけです。となると、その後も続くしかない。他の二年生たちも、みんな異口同音に「ボウズにします」と宣言が続きます。

Sくんは二人しかいない下級生レギュラーのうちの一人で、ボウズ宣言を続ける部員の輪の最後（最初にボウズ宣言をした三年生キャプテンの隣）の位置にいました。巻き毛が似合うSくんは、自分の髪の毛と髪形にこだわりがあったんですね。とは言っても、そのこだわりを日ごろから強く意識していたわけではありません。ほとんどセットもしていないのに「おしゃれだね」と言われてしまう自分の強いくせ毛が、なんとなく気に入っていたんです。

生まれてこのかた一度もボウズにしたことがない彼は、ボウズになる自分が想像できなかったし、練習試合で結果を残せなかったからボウズにするという思考回路が理解できませんでした。とても乱暴なことに思えたんです。だから、最後に自分の番が回ってきたときに、「僕はボウズにはしないと思いますが、今回の反省を生かして、きっと次はもっといいプレイができるように、先輩たちとがんばっていきます！」と力強く宣言しました。Sくんがそう言うと、他の部員たちは「えっ……」と驚いた後に煮え切らない表情になったようですが、彼の宣言の後に顧問が話をしただけでその日は解散になったそうです。

二日後の月曜日、Sくんはもう一人の二年生のレギュラーの子から伝言を受け、昼休みに二人の先輩（そのうちの一人は例のキャプテンでした）に学校の体育館裏に呼び出されます。嫌な予感でいっぱいのSくんは、重苦しい気持ちで待ち合わせ場所に向かいますが、ボウズ頭になって見た目が豹変《ひょうへん》した二人の先輩の姿が視界に入ったとたんにぎょっとして、それだけで泣きたいような気持ちになります。

「お前だけボウズにしないのが、マジで許されると思っとんのか？」「しかもお前は二年の中で実際試合に出てた二人のうちの一人だよな？」「試合に出てないやつでもボウズにするのに」「二点目の失点はお前のアシストミスのせいじゃないとや？」そうやって先輩たちに追い詰められる形で、Sくんはボウズにすることを約束してしまいます。

その日の練習で、彼はみんなが一斉にボウズ頭になった光景を直視できずに辛い気持ちになっていたのですが、顧問から「どうや、お前もボウズにする気になったか?!」と心ないからかいを受けたことで追い打ちをかけられたような気分になり、もう、いますぐボウズになりたい、でないと僕はこの場にいられないと、胸がギューッ押しつぶされるような追い詰められた気持ちになったそうです。

みんな一緒じゃないと許されない世界

　私がSくんから話を聞いたのは、その次の日の夜でした。ボウズ頭になったSくんが教室に入ってきたとき、まだ何も知らなかった私は度肝を抜かれました。いつもオシャレな髪形をしていた彼がボウズ頭になったことが想定外すぎて、その事実をうまく呑《の》み込むことができなかったからです。「どうしたの?」と思わず声を掛けそうになりましたが、彼があまりにも悲痛な顔をしていたので、何も言うことができませんでした。これは何かおかしなことがあったなと直感しました。その後、数学の授業が始まったのですが、授業のさなかにSくんが何度も目に涙を浮かべているのです。これはただ事ではないと思いました。

　授業が終わったあと、Sくんから事の顚末《てんまつ》を聞きました。彼は必死に涙をこらえながら話してくれました。実際にボウズにしてみたのはいいけど、ボウズ姿の自分がイヤで仕方ない、こんな自分の姿が受け入れられない。そう言ったとたん、とうとう泣き出してしまいました。とてもかわいそうだと思いました。

もしかしたら、これを読んでいる人の中には、ボウズにするくらいなんてことない、そう思っている人がいるかもしれません。だからこそはっきりしておきたいのですが、ボウズを強制するのはれっきとした暴力です。しかも、場合によっては殴られるよりもずっとひどい暴力です。

人は自分に対する内的イメージを持って日々を生きています。それは、自己同一性（＝自分が自分であるという一貫性が保たれること）に関わっています。自分が自分だなんて当たり前じゃないかと思うかもしれませんが、そうじゃないでしょう。あなただって、いつも自分が自分であることを確かめずにはいられないはずです。だから、インスタのイイネの数なんかで自分の価値をはかろうとするし、占いで「それ当たってる！」と感じたときに、まるで自分の存在の輪郭を確かめられたような快感が走ったりする。あなたは、自分が自分であることがいかに不安定な土台に立っているかを知っているからこそ、いつも安定を探し求めているんです。

そのような自己像の安定に大きく関わっていることのひとつが、自分の外見に対する内的イメージです。だから、外見をイメチェンすると性格まで変わってしまう人がいて、そういう人たちは、高校デビューとか大学デビューとか言われたりします。これって、外見を変えたことで文字通り自分がチェンジした、生まれ直したということなんです。自分という存在がめくれて新しくなったということなんです。

じゃあ、ボウズになったことがSくんにどんな意味をもたらしたかというと、それは**内的自己像の崩壊です**。「こんな自分の姿が受け入れられない」と言って泣いた彼は、単に悲しいからではなく、もっと深い恐怖の中で泣いたんです。他人の暴力によって自分の外見を変えられてしまうというのは、場合によっては、その人のアイデンティティの基盤を揺るがせてしまう、それくらいひどいことなんです。

傷つきの後に「大人になる」こと

それにしても、試合後の反省会のとき、なぜ先輩たちも下級生たちも皆が「ボウズにします」と宣言したのでしょうか。その理由は簡単で、ボウズにすることよりも、連帯からはじき出されることのほうがずっと怖いからです。**別の言い方をすれば、ボウズにしてでも手に入れたいものがあったからです**。

このときに「ボウズにします」と言った彼らに対して、私は許せない気持ちが拭えません。怖かったんだったら仕方ないよ、そう声を掛けたい気持ちもありますが、それよりも、どうしても許せない気持ちのほうが強い。だって、彼らが負の連鎖を、暴力のバトンを繋《つな》いだことは紛れもない事実なんですから。

それにしても、連帯意識というのは麻薬です。いったんグループ内にそれができ上がってしまうと、その輪に入れなかった人間をみんなで平気な顔して蔑《さげす》み、踏みつぶしてしまうのです。君は別のやり方でいいよ、とは誰も言わない。なぜなら、せっかく自分が犠牲にしたものがムダになるからです。自分もみんなも我慢しているのに、輪に入らないあいつはなんてワガママなんだというふうに見えてしまう。集団の暴力性っていうのは、いつもこうやって発揮されるんです。ワガママという見方が独善的で偏っていることなんか気に留めることなく、多数派の自分を善の側に置いてしまうのです。

この日、暴力の連鎖に加担した彼らには、そのとき何が起こったのかについて目を逸らさずに見てほしいのです。目を逸らすことに慣れてしまうから、いつの間にかあなたたちが嫌いな嘘《うそ》つきの大人と同じになってしまうのですから。

あなたは、大人が嘘《うそ》をついたときに、それを見破ることがあるでしょう。そんなときあなたは、嘘は罪だと感じているでしょう。だから、あなたはそんな汚れた大人が嫌いなんです。その気持ちを手放さないでください。多くの人が、大人になる途中のどこかで放り投げて捨ててしまうんです。それを意地でも守り抜くことが、ずるい大人にならないための大切な方法です。完璧に潔癖じゃなくてもいいですよ。自分を守るために薄汚れてしまうことは、人間なら誰だって多かれ少なかれあるでしょう。でも、そのときの気持ち、嘘は罪で汚いんだという直感を決して忘れないでほしいし、諦めてしまわないでほしいのです。

Sくんは、その二日後に会ったときには、すっかり落ち着きを取り戻していました。彼の様子を見ながら、彼はもう髪形のことについては触れられたくないのだろうと思いました。こういうとき、彼に同情して言葉を掛けることは彼に何ももたらさないどころか、むしろ、彼を惨《みじ》めな気持ちに逆戻りさせてしまう可能性さえあります。だから、私は彼にそれ以上余計な言葉を掛けることはしませんでした。

Sくんは、傷ついたその後に、「弱いままでいいわけがない」となんとか自分を奮い立たせたのでしょう。そして、自分の身に降りかかったことを受け入れたのでしょう。

でも、こうして傷つきの後にそれを受け入れることを通して感情を麻痺《まひ》させていくことを「大人になる」と言うのだとしたら、こんなにつまらないことはないのです。

社会に適応することで失うもの

少し前に、ある進学校の小五のクラスで哲学の授業にゲスト参加する機会がありました。その授業で担任の先生が設定したテーマは「どうして友達は大切なのか？」でした。子どもたちは、友達が大切な理由について、自分の経験を踏まえて活発に意見を出し合います。さまざまな意見の中には興味深いものもあったのですが、私がそのとき気になったのは、なぜ誰ひとり「友達は大切」という前提を疑おうとしないのか？　ということでした。

「どうして友達は大切なのか？」という問いは、言い換えると「友達は大切なのは当たり前として、じゃあどうして大切なの？」と言っているわけです。でも、「友達は大切」というのは本当に当たり前なのでしょうか。話し合いを聞いていた私としては、「友達は大切」だという考えがデフォルトで設定されていることに誰も異論を唱えないどころか、あまりにもその前提をすんなりと受け入れて、それをもとに話し合いが進んでいることに違和感を覚えたんです。

こんなことを言うと、「友達は大切」という考えを疑うなんてとんでもない。そう思う人もいるかもしれません。でも、クラスに三十人いれば、友達が多い子も少ない子もいるわけです。友達が少ない子のなかには、そのことに悩んでいる子もいるかもしれませんし、全く気にせずに「わが道を行く」タイプの子もいるかもしれません。そんな子たちの中には、みんなが異口同音に「友達は大切」と発言する場の雰囲気に息苦しさを感じている子もいるのではないでしょうか。自分が日ごろ、「別に友達とかいなくてもいい」と思っていることを否定されるような気持ちになる子もいるかもしれませんし、本当はみんなと同じように「友達は大切」と発言したいけど、「そんなこと言っても、お前、友達少ないじゃん」と誰かに後ろ指をさされることが恐くて、何も言えない子もいるかもしれません。そう考えると、「友達は大切」ということを前提にした話し合いというのは、少し偏りがあるのではないでしょうか。

友達についての考えなんて、ひとりひとり違って当たり前なのに、発言者全員が「○○だから友達は大切」というふうに友達の大切さを語り、誰も話し合いの初期設定に疑問をはさまない。こんなことでは、いつまでも友達について深く掘り下げた話をすることは不可能でしょう。

そもそも、担任の先生が「友達は大切」という内容を疑問の余地がないこととして取り扱っているくらいですから、子どもたちがその前提を崩すようなことを発言するのは、かなり勇気のいることかもしれません。もしかしたら、これまでのクラスの雰囲気の中で、先生の初期設定を崩さないことが暗黙で共有されていた可能性さえあります。

でも、自分の中に疑いが生じたのにもかかわらず、少数派かもしれないから、みんなの賛同を得られないかもしれないからという理由で、口を閉ざしてしまう子がいるとしたら、もったいないことだと感じたのです。そして、そういう子がいる可能性を考慮することなしに話し合いが終わるとすれば、さびしいことだと思ったのです。

だから、話し合いの途中で意見を求められた私は、そういう子が話す機会が生まれたらいいなあと思って、違和感をそのまま子どもたちにぶつけてみました。

みんなは「友達は大切だ」という前提で話をしていて、中には面白い意見も出たけど、でも、本当にここにいる全員が「友達は大切だ」って思って話してるのかな？　今日、みんなは「どうして友達は大切か」をテーマに話しているけど、例えば、僕はそもそも友達が大切だとは思っていない、そういう子が一人くらいいても何の不思議もないと思うし、それが別に間違った考えだなんて思わないいんだよね。

私がそう言い終えると、ガラガラッと何かが崩れる音が聞こえた気がするくらい、教室内の雰囲気が一変しました。そして一分近く沈黙が続いた後、ある男の子が意を決したように立ち上がって、「僕は友達はあまり大切だとは思いません。自分の時間の方が大切です。友達がいなくても僕は楽しいです」と声を震わせながら発言しました。私は、わー、すごい子が現れた！　と思いました。

でも、驚いたことに、そのあと彼に続いて同じようなことを言う子が次々と現れたんです。わたしも、僕も、友達は別に大切じゃない……。そして、わずかその五分後には、教室全体が「友達は必ずしも大切ではない」という空気で満たされてしまいました。私は大いに戸惑いました。こんなはずじゃなかった……と思わず頭を抱えてしまいました。

私はどちらかというと友達は大切だと思っているほうの人間です。だから、決して子どもたちの話を「友達は必ずしも大切ではない」という結論に誘導したかったわけではありません。そうではなくて、「友達は大切だ」という前提が話し合いの足枷《あしかせ》になってるから、それを外して考えてみようよ、そうしたらもっといろんな考えが出るんじゃないかな、と呼び掛けたつもりだったのです。まさか、教室が「友達は必ずしも大切ではない」一色になるとは夢にも思いませんでした。

こうなった原因は、第一に担任のディレクション（＝話し合いの方向づけ）や私自身の問いの立て方に問題があったことは疑う余地がありません。少なくとも、もう少しましなやり方があったと思います。だから、そのことに目をつぶって話をするのは子どもたちに申し訳ないという気持ちはありますが、それでも大切なことなので、このときに彼らの間で何が起こったのかを改めて考えてみたいと思います。

大人の意図を汲み正解を求めようとする

生徒たちは、私の意見を聞いてすぐにこれまでの話し合いの偏りに気づきました。無自覚に与えられた前提に沿った話だけをしていたことに気づきました。その意味で、とても賢い子たちだと思いました。私の考えを聞いた後、それを真正面から受け取ってすぐに内面化する子どもたちの力に圧倒されましたし、そのマジメさに心を動かされました。

でも一方で、危うさを感じたのも事実です。全員ではないのですが、子どもたちは大人（この場合は私）の意図を汲《く》んで、それに適《かな》う発言をしているように感じられる場面がありました。つまり、私の発言以前は、担任が設定した問いに沿って考えを出すことが話し合いにおける「正解」だったのですが、私の発言後には、私の発言に沿った考えを出すことが「正解」になった。**つまり、はじめにあった規範性が、私の発言を経て別の規範性に切り替わっただけのように感じられたのです。**そこには、急変した教室の空気を敏感に感じ取り、より高次な正解を必死につかもうとする子どもたちの姿がありました。

話し合いの中で、子どもたちは、自分の経験を大人の正解に寄せて話すことで、内容に説得力を持たせようとしていました。**でも、それはかけがえのない個別の経験をダシにして大人が求める正解をたぐり寄せようとしているわけで、そんなことを繰り返していると、いつの間にか自分を損なうことになってしまうのです。**

あなたは先生や親の機嫌取りをしているとき、そうやって「いい子」のふりをしているとき、何となく自分が傷ついていることに気づいているのではないですか。でも、それをやりすぎると、すっかり麻痺《まひ》してしまって自分で自分を傷つけていることさえ気づけなくなりますよ。そんなあなたは、もしかしたら自分が大人にとって都合のいい子どもでなくてもいいと知るだけでぱっと世界が明るく開けるかもしれません。このことはじっくり考えてみてください。

大人になる過程で、多くの人は自分の生きる実感よりも適応（周りに合わせること）を優先させることで自信を失っていきます。その結果、自分が好きなようにふるまえないことに対して、できない言い訳探しばかりに明け暮れる大人になります。そして、思いつきで行動しているように見える他人を「無責任」だと非難さえし始めるのです。

あなたの目には、大人は自立しているし自信を持っているように見えているかもしれません。でも、騙《だま》されてはいけませんよ。たいていの大人は子どもの前でかっこつけています。虚勢を張っています。実際は社会に適応する中で失ったものを知っているから、そんな自分を嘆いてばかりいるんです。自分を嘆くことがイヤな人は、代わりに他人を攻撃して鬱憤《うっぷん》を晴らそうとさえするんです。

もしかしたらあなたは、大人になると人生がつまらなくなる。そんな予感をどこかで抱いていませんか。もしそうだとすれば、それは自分が社会適応を始めていることに気づいている証拠かもしれません。そうやって自分独特の生き方を手放すことで、これからの人生がつまらなくなることを直感しているんです。となると、これからの人生を面白く生きたいと思うなら、あなたは部分的にでもそれに抗《あらが》わないといけません。

小五の生徒たちの話し合いは、まるで手持ちの少ない洋服でいかにオシャレするかを競っているように見えるときがありました。そのせいで、どうしても大人の意見や周りの空気に流されやすい。それどころか、周囲の目を過度に内面化してしまって、それを自分の意見のように錯覚してしまう。そんな傾向があると感じました。

でも、これは悪いというよりしかたないところがあります。だって、子どもたちが手持ちを増やしながら、大切なことを学んでいくのはこれからですから。「意見に流される」というと、さも悪いことのようですが、相手の意見を参考にして自分のモノにすることは必要だし、より高次だと思える結論を志向することがなくては、考えを深めることなんてできません。だから、彼らが大人の意見にたやすくなびいたように見えたとしても、それを弱さとして一面的に非難することはできません。むしろ、その弱さこそが考えを深めるための条件とさえ言えます。

生きる実感を大切にする

それを踏まえた上で、あなたに一つだけ覚えていてほしいのは、**あなたはとことん自分の生きる実感を大切にしたほうがよいということです。**周りに歩調を合わせて「いい子」になろうとすることは、周りの人たちのためにはなるけれど、深いところで自分を支えてくれる根拠にはなりません。だから、自分が感じていることをちゃんと感じられる環境にいること、そして、感じていると気づいたときに、できるだけ嘘をつかずにそれに対処できる環境を確保することが肝心です。

こうして、**生きる実感を大切に育てていけば、**あなたはいつかきっと曖昧《あいまい》なことを曖昧なままに受け入れることを知ります。**白黒つかない現実の中にこそ、生きる楽しみがあることを知ります。**

いつも正解ばかりを求めてしまうのは、生きている実感が足りないからです。実感が足りないから、その代わりに正解というまがいものにすがってしまうのです。でも、そんな不確かなものに支えられて生きていくのは、なかなかしんどいことです。なぜなら、それはまがいものだけに、肝心なときほど頼りにならないし、どんなに求め続けても満たされることがないからです。

だから、少しくらいハチャメチャで一貫性がなくてもいいから、ときには周りに迷惑をかけてもいいから、面白く生きたほうがいいですよ。いつも他人に迷惑をかけないことばかりを気にかけている大人は、自分の生の可能性を奪われたままに生きているのに、それに気づいていません。そんな人たちは、自分がせっかく我慢しているのにと、他人に当たり散らすことに終始しがちです。

社会に適応できないと生きていけない。そんなことを言う大人は嘘つきですよ。そんな大人の言う「社会」なんて、その人が見たせまい世界の断片でしかなくて、彼らはいまあなたが見ている世界を見ていません。自分を窮屈な枠組みに閉じ込めることでしか生きることができない恨みを、子どもを通して晴らそうとしているんですから、そんな言葉に聞く耳を持たなくてよいのです。

あなたは別に弱くないし、孤独なままに世界と繋がっている

人は何かきっかけがない限りは、自分が置かれた環境を疑うなんてややこしいことをわざわざしようとしません。毎日ルーティンで登下校を繰り返すだけの学生時代は、外部に目を開かれる機会が極端に少ないせいで、なおさら学校というせまい空間を世界のすべてのように考えてしまいがちです。

だから、学生にとって自分が学校でどのような立ち位置を占めるかというのは、最大の関心事であるだけでなく、文字通り自分の生存を賭けた戦いになることさえあります。学校にうまくなじめない人たちは、その環境を乗りこなしている人たちを見てなんて伸びやかに人生を謳歌《おうか》しているんだろうと妬ましく思うし、なじめない自分はどこかおかしいのだろうと思い込んで下を向いてしまいがちです。いまの環境がたまたま自分をそういう状況に追い込んでしまっているだけかもしれないのに、環境に合わない自分が出来損ないのヘンテコな人間のような気がしてくるのです。そして、思いつめた結果、人

と目が合わせられなくなるほどに自信を喪失してしまうこともあります。

でも、学校になじんでいる人たちも、そうでない人たちも、一時的とはいえ学校という限られた領域をまるで世界のすべてのように錯覚している点では同じで、だからこそ、学校でうまく立ち回ることができている自分を感じるだけで生きる希望になるし、逆に学校でうまくいかないことが続くと、息の根を止めたいほどの絶望にもなります。


先日、高一の亜美さんから相談を受けました。彼女は、高校に入ってまもなくクラスになじめなくて、教室に居場所がないと感じるようになりました。そして、毎朝、登校の直前にきまってお腹が痛くなってしまうほど、学校にストレスを感じるようになってしまいました。

彼女がお母さんに学校に行くのが辛いことを伝えると、「環境が変わったら誰だって辛いものよ。それで行きたくないというのは単なる甘えよ。きっとそのうち慣れるからがんばって」と言われながら登校を促されることが続きます。しかし、入学から三か月経過しても、状態はいっこうに良くなりません。だから彼女は、もう学校に行くのも家にいるのも辛いと、私に訴えてきたのでした。

その次の日に亜美さんの家に電話をして、お母さんに話を聞いてみました。

「弱くてもいいんだよ、休んだっていいんだよ、と私が言ってしまったら、亜美は進歩しないし、ほんとうに学校に行けなくなってしまいますよね……。だから、苦しんでいるのは承知で学校に行かせているんです。私も辛いんです……」。

お母さんは苦しい胸の内をそう話しました。本人だけでなく、お母さんもいったいどうしたらいいかわからないまま、心いっぱいに不安をため込んでいました。そして、わからないままに、亜美さんの繊細すぎるところ、感じやすいところが学校に行きたくなくなる原因だというふうに家族の中では語られるようになっていました。私はお母さんの考えを聞くだけに留めたまま、その後も亜美さんと話を継続することにしました。

内面化された「弱さ」

何度か話をするうちに亜美さんが学校に行きたくない理由として挙げたのは、クラスにはおしゃべりができる友人は二人だけいるものの、女の子たちのいくつかの派閥《グループ》から弾かれているのが辛いこと、そして、先生や先輩に威圧的な怖い人が多いことなどでした。彼女は直接的なイジメを受けているわけではないのに、クラス内での孤立に耐えられなくて苦しんでいました。

派閥から外された彼女を見るクラスの目は、女子だけではなく男子からも冷たいと彼女は感じていました。男子たちがうひゃうひゃと笑いながら自分の方を見ているだけで、彼女は自分が蔑まれているのではないかと感じて全身をこわばらせました。先生や先輩たちは何の助けにもなりませんでした。彼らは上下関係をもとにした関わりの冷たさを彼女に味わわせるだけなので、ますます彼女の学校生活を窮屈なものにしていました。

こうして亜美さんは、誰とも親密な関係を築くことができない自分のことを、風変わりで消極的な人間だと感じて身動きが取れなくなっていました。そして、担任や親から言われた「亜美さんは繊細すぎるところがある」という言葉を思い出しながら、自分の弱さを呪うような気持ちになっていました。

あなたはこんな亜美さんは弱いなあと思いますか。亜美さんはもっと強くならなくては生きていけないだろうと思いますか。私はそうは思いませんでした。亜美さんがそんなふうになったのは、決して彼女が弱いからではなく、誰だってこのような状況に追い込まれる可能性はあると思いました。だから私は、あなたが弱いからそうなったわけではない、そのことを繰り返し彼女に伝えました。

もちろん状況によっては、自分の弱さを引き受けることでようやく前に進めることもあるでしょう。「弱くても大丈夫」と他人から言ってもらえることで、ありのままを認められた、だから救われたと感じることもあるでしょう。でも、他人から不当に擦りつけられたレッテルとは徹底して闘わなくてはいけないのです。「弱さ」というレッテルを貼られてそれを内面化した人は、いつしかそれなしには生きていけなくなります。自分の弱さを味わうことでしか生きられなくなった人は、自分の殻に閉じこもっていることに気づかなくなります。そして、他者と出会う可能性をみずから葬っていることがいつの間にかわからなくなってしまうのです。

学校でうまくいっていない子がいるとき、あなたはその子を物笑いの種にすることはありませんか。そうやって人を自分より下に見て、その人よりは上の立場だと自分を錯覚させることで安心しようとしていませんか。特定の子をグループからハブることで、クラス内で安定した地位を獲得しようとしていませんか。

バカ、お前だよ。亜美さんが弱いんじゃなくて、お前が亜美さんを追い詰めたんだよ。

孤独なままに世界と繋がる

学校でうまくいかない子がいるとき、彼らの資質や適性に問題があると判断するのは早計です。うまくいかない理由は、学校のシステムの問題、クラスの環境の問題に起因することがほとんどで、後付けでその子の「弱さ」が発見されることが多々あるのです。変わるべきは本人ではなく学校側なのに、学校が頑なに非を認めることなく生徒側にその原因を押しつけるせいで、いつの間にか親までうちの子の方に問題があると考えるようになることも多々あるのです。

でも、**学校でうまくいかないというのは、いかに「弱さ」に見えようとも一種の意思表示なんです。**彼らは辛いと感じたり不調を訴えたりすることでレジリエンス（＊注1）を発揮しようとしているのであり、つまり、学校のいびつさや人間関係の冷たさに対して全身で抵抗しているのです。だから、私は彼らの抵抗を全面的に支えたいと思うのです。彼らが十全に戦うことができるように、その砦《とりで》をいっしょに築きたいと思うのです。

私が亜美さんに話したのは、学校という環境の特異さについてです。私は、うちの教室の一階にあった『タテ社会の人間関係』（＊注2）という五十年以上も前に出版された本をわざわざ取り出してきて、日本独特の「ウチの者」「ヨソの者」意識が、クラス内でやたらと派閥を作りたがることと関係していること、亜美さんが先生や先輩のことが怖いと思うのも、やはり、日本の組織に独特な序列意識によって説明ができることなどを話しました。

クラスで派閥を作って彼女を除《の》け者にする同級生たちも、学食で先輩風を吹かせて並んでいる彼女の順番を抜かした上級生も、いつの間にかこのような構造に巻き込まれてしまっているのです。でも、それでいいんだろうか、イヤだよね……。でも先生、私だ

注1：困難な状況にもかかわらず、しなやかに適応して生き延びる力。
注2：『タテ社会の人間関係単一社会の理論』中根千枝著（講談社現代新書）。

って自分を守るために派閥に入りたいと思いますよ。そのほうが楽じゃないですか。それができないから私は苦しいんだし……。

そんなことを話しているうちに、亜美さんの表情は徐々にほぐれていきました。こうして、自分の心の問題だと思っていたことが、必ずしもそうではなく彼女が置かれている独特な環境の中でこそ生じる現象だと考えられること、そして、クラス内のみんなもそのような力学の中でなんとか自分を保とうとしていることが確認できて、亜美さんは少し安心したように見えました。

話をする中で、亜美さんに「ふだん家で何してるの？」と尋ねると、彼女は「BTSの動画ばかり見てます」と答えました。さらに「推しは誰なの？」と尋ねると「テテ（*注）です！」とよくぞ聞いてくれたとばかりにうれしそうに答えます。

それを聞いた私は、「なんだ、亜美さん。孤立してないやん！」思わず声を上げます。「**テテと繋がってるなら、世界と繋がってるということだよ。私の「好き」はどこかで暮らす誰かの「好き」ときっと繋がってる。**亜美さんは学校でいつもひとりだと言ってたけど、学校で孤独を感じてるだけで、もっと優しくて美しい世界と繋がっているじゃない！」

私がまくしたてるようにそう言ったので、亜美さんはびっくりしたのか、ブハッと一瞬笑ったあとボロボロと泣き出してしまいました。私はこのとき亜美さんとようやく友達になれた気がしました。

学校に行けない。学校で問題行動を取る。子どもがそうなったとき、大人はたびたび「あなたの心のどこに問題があるの？」というやり方で子どもに問いかけます。「この子は自分に自信がないから」「自己肯定感が足りないんじゃないかしら」そんなことを言ってくる大人さえいます。そうやって、良かれと思って近づいてきた大人のせいで、あなたは「私には欠陥がある」「私のどこが悪いせいでこうなったんだろう？」と考えてしまうかもしれません。

でも、そこに罠《わな》があるんです。**大人はいつもそうやって問題をあなたのせいにする。**

注：テテはBTS（防弾少年団）のメンバーV《ヴィ》（キム・テヒョン）の愛称。

そのせいで、あなたはいつの間にか大人の設定した問いの中でしか考えられなくなる。これは怖ろしいことです。

問題があるのは学校や社会かもしれない。大人の方かもしれない。それなのに、「あなたの心」だけを問題にしようとする大人は、自分の中に巣くう暴力性を自覚していません。「あなたの心には問題がある」なんて言うから、目の前の子どもがありもしない問題を内面化してしまうことに無頓着です。あなたはそんなとき、良かれと思って近づいてくる大人から暴力を受けているのですから抵抗してよいのです。問題をあなただけのせいにされようとしているんですから。それは私のせいではないと心で唱えながら、自分の尊厳を守り通さなければなりません。

もちろん、あなたの心にも問題くらいあるでしょう。でも、それは少なくともあなただけの問題ではないし、あなたが一人で責任を負うようなことではありません。心はいつでも外に開かれていて、周りの環境と調整を図ろうとします。その意味では、心は何も間違っていませんよ。だから、いま一度自分が置かれた環境について考え直してみることは大切です。

繰り返しますが、心はあなたの内面にある以前に外部の環境に開かれているものです。だから、心の問題を決して自分だけの問題に閉じ込めてしまわないでください。「あなたには問題がある」「心を整えましょう」などと言いながら、いい人ぶって近づいてくる大人なんて、頭の中で中指を立てて意識から追い払ってしまいましょう。彼らはあなたをどうにか扱いやすい人間に仕立て上げようとしているだけなのですから。

先生と僕

中高生たちって、同じ学校の生徒が何人か集まるときまって学校の先生の悪口を言い始めます。きっと、彼らにとっての鉄板ネタなんでしょう。槍玉に上がりやすいのは、上からモノを言う高慢な先生、生徒の言い分に聞く耳を持たない独善的な先生、授業中に自分の話ばかりする（しかも面白くない）先生、しゃべり方のクセが強すぎる先生、清潔感がない先生……などでしょうか。

あなたが先生のことをまるで不良品みたいに悪く言ってしまうとすれば、**それは先生のことを十分に「人間」として見てないからでしょう。**先生を身分や役割として見ているところがある。だから、先生という仮面の後ろに脆弱《ぜいじゃく》な心を持った人間が横たわっていることが想像できないんだと思います。

でもこれは、先生が生徒ひとりひとりを十分に人間として見ていないことの反作用かもしれません。例えば、朝礼で長話をする校長先生とか全然わたしを見てない。あなたはわたしに触れてこない言葉を乱発されるばかりなので、知らず知らずのうちに傷つけられているんです。

このように、先生が生徒の「個」に着目できないのは学校という環境の問題でもあります。

教育現場の惨状

二〇二一年の三月に文部科学省の若手職員の発案で始まったという「#教師のバトン」プロジェクト（SNS上に教師らが学校や勤務実態などについて自由に投稿。文科省の説明には、「投稿にあたり、所属長からの許諾等は不要」と明記される）では、教師たちの生の声により教育現場の惨状が明らかになりました。

試しに私も「#教師のバトン」でツイッター検索をしてみたのですが、この数日で投稿されたものを読むだけでも、「もう死にたい」「教師には人権がない」「給特法で時間外労働に対価が支払われないのは本当に無理、心折れる」「今日は休憩なしで半日以上働いた」「明日の部活、練習試合だけど、もう行きたくない、死ぬかも」「ある若手男性教諭が女子生徒たちから「死ね、消えろ、キモイから修学旅行についてくるな」という手紙をもらっていた」等々、なかなかしんどい内容が続きます。

先生に生徒ひとりひとりを見ることを求める前に、先生たちの教える環境をどう整えるかを考え、変えていかない限り、学校の諸状況が改善するとは思えません。多忙すぎる先生たちは、狂わないために狂わなければならないような日常を強いられています。そして、その半ば狂った先生の影響を、子どもたちはモロに受け続けているわけです。

日ごろの部活動のようすを子どもたちから聞いていると、「部員にこれだけの負荷をかけてるんだからオレもがんばらないと」と自分にも限界レベルの負荷をかけ、自分に負荷がかかったときに出る質《たち》の悪いアドレナリンで、さらに部員に負荷をかける部活動顧問も珍しくありません。こういうちょっと狂気の一歩手前みたいな先生が、顧問として日々子どもたちと接しているわけで、それが子どもたちにとって良いことのわけがないのです。

でも、子どもたちの中には、部活をことさらに大切にしている子もいます。先生に「個」として見られたのは授業ではなく唯一部活の場だった、そういう感触を得ている子どもも少なからずいて、だからこそ、部活動が悪いとか先生が悪いとかではなくて、学校全体の設計を徐々に変えていく必要があると感じます。

そもそもなぜ学校で子どもの「個」が顧みられないかと言えば、単純に先生が忙しくて余裕がないだけでなく、生徒以前に先生自身の「個」がないがしろにされているからです。

ほとんどの学校には「他の先生と違うことをしてはいけない」という不文律があります。一部の学校では、それをルールとして実装する動きさえあり、例えば近所の公立小学校では、宿題点検の時に「生徒にコメントを書いてはいけない」「花丸もつけてはいけない」という決まりがいつからかできてしまいました。先生がやっていいことは「見ました」の印鑑のみらしいのですが、なんて非人間的な取り組みなんだろうと呆《あき》れてしまいます。

なぜそんなルールができたかといえば、「あの先生は花丸してくれたのに」というような不平等感が生徒や保護者間で生まれるとマズいから、らしいんですが、これって誰のためにもならないですよね。不平等だ！　というクレームが来ても、そのつど反論と説明をちゃんとすればいいじゃないかと思うのですが、学校という環境下では人的コストに見合わないのでしょう。このように、学校はできるだけ当たり障りのない装いを整えることで、結果的に子どもに提供する教育の質を落としていきます。そして、先生が「個」として子どもに向き合い、心を通わせる機会を奪うのです。

学校は、とにかく集団の秩序を最優先にするので、出る杭《くい》はすぐに打たれてしまいます。そうやって「個」を奪われた先生が、生徒をがんじがらめに集団管理しながら「個性は大切」と講釈を垂れる。そんなイカれた実体が多くの学校にあります。

学びは非対称な関係に依存する

学校の第一の目的は、言うまでもなく子どもが「学ぶこと」ですが、残念ながら学校は、十分に「学びの場」としての機能を果たしているとは言い難い状況です。よく、学校があるから塾なんていらないはず、と知った顔で言う人がいるのですが、これは実態がわかっていない人の言い草です。

学校では、受験科目の五教科以外に道徳やら体育やら生徒指導やら、学びの横道みたいなことを子どもたちに学ばせようとします。学校教育は総合的な全人教育の場だからという能書きは理解できるのですが、このせいで子どもたちは学びの焦点が見えにくくなるのです。

その点、塾は余計なことは抜きにして、「勉強」に特化した学びのエッセンスを子どもに伝えられるから、その感化力は学校の比ではありません。学校でなくて塾で学びと出会う子どもが多いというのはそういうところだと思います。浪人して予備校に行って初めて学びと出会う受験生が多い（これを読んでいる人の中にもきっと心あたりのある人がいるでしょう）のもそういうところで、学校は、主要教科以外の科目やら学校行事やら人間関係やらが重すぎるんです。そのせいで学びに集中できません。だから、学校から離れて、軽やかに学ぶ場と出会うことで初めて、すくすくと学力的成長をとげる子どもたちを私はたくさん見てきました。

教える職業の人たちって、子どもに「どうやって教えるか」ばかりを考えがちですが、こういう議論って見たくないものを見ようとしていないとしか思えないんです。なぜなら、**教育の成果って、いかにすぐれた教育を施すか、ではなく、どれほどにうまく教育**

されるか、という「され方」のほうにかかっているのですから。

その意味で、授業の肝を「教え方」だと思っている教師は、「わかりやすい先生」にはなれるけどその先がないですよ。授業が本当に面白い先生は偶然を拾うのが上手で、しかも、それが授業の肝としかいいようがなく、そのスキルは研究授業などではなかなか見えてきません。

近年は、子どもの「自主性を伸ばす」ことがますます大切だと喧伝《けんでん》されていますが、自主性というのは、環境とウマが合ったときに子どもに欲望の火がついた状態のことを言うのでしょう。つまり、教育の「され方」がうまくいっているときに、自主性は生まれやすいのです。

テレビに出ている林修《はやしおさむ》先生とかもそうですが、いまの学校や予備校の先生たちはソフトな印象の人が増えました。生徒とフラットな関係の先生というのが、いかにもいまの時代向きという感じがします。

私自身もそうで、感覚的に子どもたちを生徒というよりは仲間としてしか見られないところがあって、若いころはそれが子どもたちと心を通わす際にいい方向にはたらいていると思っていたし、だから、勉強を教える際もそのフラットな関係をそのままうまく活用できているつもりでいました。

でも、ある頃から気づいたのは、生徒とフラットな関係の先生にいい先生なんていないということです。なぜなら、これは学びの本質に関わってくるのですが、子どもの能力を開花させるためには、ほとんどの子どもにおいて外からの強制が必要な時期があるからです。

なぜ強制が必要になるかと言えば、子どもは自分に何ができないのか、自分が何を学ぶべきかを知らない存在だからです。じゃあ、何を学ぶべきかを知らない存在がどうやって学ぶことができるかといえば、**この先生は私が知らない謎を知っているのだという思い込みによってです。**そして、**謎を知っている先生にいったん自分の身を浸してみるということによってです。**

そういう思い込みはフラットな関係ではなかなか生じません。つまり、**学びは一方がもう一方をむやみに信じ込むという非対称な関係のもとでなければ成立しえないのです。**

そういえば、テレビの林先生も、誰とでも気さくにフラットな関係を作りながら、ときには自分の弱みも見せながら、でも「先生」の役回りのときには、生徒を前にキリッと「先生モード」になりますよね。あれって、オレはいま先生だからオレのこと信じろよ、ってことを態度で語っているのだと思います。なぜなら、そうでなければ学びが発動しないことを熟知しているからです。

そう考えると、上からモノを言う先生はダメだとか、宿題の押しつけはダメだとか、先生と子どもは対等であることが大切とか、そういう昨今ありがちな教育論はちょっと一面的です。世間受けは良いでしょうが、学びの土台にある欲望を見ていないんです。

親という人生最初の先生

あなたには、ずっと幼いころに親という人生最初の先生の一方的な強制力に甘んじていた時期があります。

そのときのあなたは、ただ一心に親のことを見つめていました。そして、信じるという言葉が不必要なくらいに無条件に親のことを信じていて、だからこそ、親から深い学びを得ていました。あなたは、その過程を経ることで人間として生きるための基礎を身につけることができました。親はこのとき、あなたに強制力を行使することを通して立派にあなたを守り抜き、あなたに主体性を授けました。

でも、親が子どもの先生であることができる時期は短いものです。親の中には、子どもが十代になっても強制力の甘い感触を手放すことができない人がいて、そんな親はいまのあなたをひどく苦しめているかもしれません。

あなたはかつて、親の笑顔の向こうにある謎を解きたいと切望し、その音声に意味があることに気づき、その意味を知りたいと強く願うことで言葉を覚えました。そのころの親は、紛れもなくあなたにとっての「大好きな先生」でした。

言葉を覚えたときがそうであったように、いまのあなたも学びたいと念じることを通してしか学ぶことができません。あなたはいま、親以外の「大好きな先生」を見つけることで親というくびきから逃れ、自分独特の人生を歩むべき年齢になったのです。その意味では、もしあなたがいま目の前にいる先生のことが好きではなくて内心バカにさえしているのだとしたら、決して良い学びは生まれないでしょう。

それなら、あなたにとってどういう人が「先生」になり得るのでしょうか。それは、謎を秘めている人です。つまり、得体の知れなさのようなものを感じさせる人です。「あなた自身がまだ気づいていないあなたの欲望を、私は知っていますよ」そんなふうに、あなたの心に迫ってくる人です。

そのときあなたは、「わたしの欲望（わたしが学ぶべきこと）を知っている先生の謎を知りたい」と思うでしょう。これが学ぶことを希求する発火点になります。このようにして学びは始まるのです。

尊敬されない学校の先生

先日、近所の小学校で教務主任をしているT先生と長話をする機会がありました。「子どもが先生の悪口を言った時に、親がそれに同調していっしょに悪口を言う。これがたった三組あっただけで、簡単に学級は崩壊します」

T先生は苦々しい顔でそう言いました。見立てに一面的な部分はあるとはいえ、学級崩壊が子どもと先生だけでなく、親を巻き込んだ関係性の中で起きているのは間違いないところでしょう。

親にとって、先生というのはときに蹴落としたいライバルですから、親は子どもが言う先生の悪口を聞いているとなんだか胸のすく思いがして、その悪口にたやすく同調しがちです。でも、そうやって親が子どもの口車に乗って、いっしょになって先生のことを侮辱し始めると、その先生から子どもが学ぶことは難しくなります。

そういえば、別の学校の校長先生は「親にとって学校というのは、いちばん悪口を言いやすい相手になってしまったなあ」と嘆いていました。このような昨今の傾向は、先生たちが子どもたちから尊敬されにくく、その結果、子どもにとっての学校が「学びの場」としての機能を十分に果たせない一因になっています。

少し前に、市内でも有数の上位公立中学で学級崩壊が起こり、「なぜあんないい子が多い学校で?」と動揺が広がったことがありました。しかしこれは、その学区の親たちが日常的に子どもの前で学校の先生にマウントを取ったりディスったりしていることを考えれば、特に何の不思議もありません。つまり、「いい学区」に住む親たちは社会的にステータスの高いことを自認する人が多く、そのせいで学校の先生を見下す人がたくさんいて、それが子どもに伝播《でんぱ》することで学級崩壊につながりやすい面があるのです。

こう考えると、学級崩壊は家庭と先生の間の階層問題という一面があります。ということは、学校の諸問題を解決する具体案の一つは、学校の先生たちのステータスを上げる（医者や弁護士の例を出すまでもなく、例えば給料を二倍にして資格試験の難易度を上げればステータスは上がります）という策になるでしょう。

そういえば、先日、学校でのあるトラブルをきっかけに、先生たちのことを「やっぱり実社会を知らない世間知らず」「一般常識がない」と揶揄《やゆ》する大人たちに出くわすことがありました。先生たちに何らかの瑕疵《かし》を見つけると、こういう形で見下す大人たちは多いです。

でも、そういう人たちって企業主導の社会常識こそが現実であり、偉いと思ってるんですよね？　でも、これは先生の仕事の要を全然理解できていないですよ。

先生というのは、実社会を知らないからこそ（知っていてもそれを敢えて重んじないからこそ）子どもと関わる資格があるんです。**実社会という狭い現実を上位に置くような教育では、**

子どもは育ちません。実社会の方が偉いと思っている大人は、規範的な価値観を教えることはできても、子どもに本質的な理想を語ることはできません。だから、学校の先生たちには、そんな批判に動揺することなく、こっちはもっと大事なことをやってるんだと超然と構えていてほしいと思うのです。

僕の大好きな先生

最後に、ここまで読んできて、先生を信じるもなにも周りにいい先生がいないんです。そう言いたくなる人もいるかもしれません。

でも、考えてみてほしいのですが、そもそも誰にとってもいい先生である人なんてどこにもいません。数年前にノーベル生理学・医学賞の栄誉に輝いたH氏から大学で学んだWくんとこの前おしゃべりをしたのですが、テレビでH氏の教え子たちが「H先生はほんとうにいい先生で」と感極まって口々に言っているのを聞いて、彼はショックを受けていました。なぜなら、彼はH先生の授業を丸一年間受講していたのですが、先生に何も特別なものを感じなかったんですね。それで、僕は授業で何を聞いていたんだと自信をなくしていたんです。

私は、「いやいや、ノーベル賞を取るような人だからってWくんにとってのいい先生とは限らないでしょ」と言ったのですが、Wくんはなかなか納得がいかないようで、世界に認められたいい先生は僕にとってもいい先生のはずだ、何か彼から学ぶべきものがあったはずだと彼は思いたかったようです。

でも、もしWくんがこのとき、H先生はノーベル賞を取ったような英知の塊のような人だから、その人の知識から学ぶものがあったはずと考えているとしたら、それは学びについての考えを深められているとは言えません。なぜなら、先生が持つ知識や教えてくれたことを学ぶだけでは学びが浅いからです。そうではなく、先生が授業中に「うーむ」と考え込んでみたり、息せき切ってムキになって話したりするようすをじっと目で追いながら、いつの間にか先生が教えようとしていないことまで勝手に学んでしまう。そういう勘違いが学びの本質で、教え子たちはそれぞれの受け皿に応じた学びをそれぞれが得ることで、次第にH氏をいい先生と確信していくものなのです。

だから、個々の学びとH先生が教えようとした知識内容とは必ずしも直接の関係はないわけで、つまり、H先生にいくら知識があっても、それが個々の学びにつながるかどうかは全く別の話なんです。だから、この意味でWくんには学びというものをもっと広くとらえて、その人の一挙手一投足が気になってしまうような大好きな先生を見つけてほしいと思います。だって、知識の多寡にかかわらず、誰もが誰かの先生になりうるわけですから。

あなたがこれから出会う「大好きな先生」は誰でしょう。大学の先生でしょうか、会社の同僚でしょうか。それとも、大切な友人や恋人でしょうか。

先生との出会いというのは、いったん自分の身体がバラバラになってしまうような経験です。それから、バラバラになった身体を再統合して、もう一度生き直すような経験です。そして、あなたの身体をバラバラにした先生は、いつまでもあなたにときめきを与えてくれるエモい存在です。

私は先生に出会えるだろうか。そんなことを心配しなくていいです。あなたが求めるところには必ず、先生はいますから。

第2章

自分独特の世界を生きる

あなたはもう恋をしている

あなたは恋をしていますか。恋をするというのは、誰かのことが好きになって、会いたい、そばにいたいと思うことです。そして、満たされない気持ちを全身に抱えながら、ひとりぼっちの頼りなさに打ち震えることです。

一度恋が始まると、かつてあなたが友達と恋バナで語り合った「理想のタイプ」は全く当てになりません。そういう許容可能性をはるかに飛び越えて、恋したその人は、気づいたときにはあなたの心深くに刺さってしまっているのです。

いまや、恋する人との関係性の中にあなたの存在の根拠が懸かっています。あなたは、その人の言動ひとつひとつから暗号を読み取り、返信に添えられたLINEスタンプの表情から、二人の間に広がる世界の謎を解こうとします。このときのあなたは、世界を自分の色に染めてしまおうとする横暴さに溢《あふ》れており、一方で、その世界イメージが少しでも欠けると、自分のすべてがないがしろにされたと感じるような傷つきやすさを持っています。

恋とは他者を使用すること

実のところ、あなたは恋する相手をそれ自体としては見ていません。あなたは恋する人に、どこか自分に似ているところを探知しています。あなた自身、または、かつてあなたの一部になった誰かと近似するものを見つけ、その比較の中でその人のことを見ているのです。

あなたはまだ気づいていないかもしれませんが、あなたはとっくの昔にあなた自身によって否定されてしまいました。だから、あなたには自分こそが自分にとっていちばん美しい存在かもしれないという可能性を見る勇気がありません。だから、あなたは自分に似た誰かを愛《め》でることを通して、自分自身を愛そうとするのです。

この意味で、あなたは恋する相手を文字通り使用します。相手を使って心の穴を埋めようとするので、それがままならないと今度は相手のことを憎み始めます。あなたはその人がどこかあなたに似ていたから、自分の心の穴を埋められる存在として相手を求めました。だからあなたは、相手から感じられる近似を愛でると同時に、近似するからこそ際立つ差異を憎むようになります。この相反するふたつの感情があなたの心で交錯するとき、それが恋の熱源になるのです。

恋する人にとって、その差異を際立たせるのが相手の身体です。身体はその人の同一性を保つための根拠地であり、その人だけが知る、その人の秘密です。あなたは相手の身体を自分の身体のように弄《もてあそ》ぶことを通して、その人の同一性を攪乱《かくらん》することを目論《もくろ》むのです。

しかし、これは必ずしも相手を一方的に支配することを意味しないところに奥深さがあります。相手を弄ぶことを通して、あなたは深いところで自分が弄ばれていることに気づきます。統率されていると信じていた自分の身体が、文字通り溶けてしまうのを感じるのです。そして、この自己破壊的な官能こそが人生の秘密だと気づかされます。

あなたは、**自分が相手に介入することを通して、相手が壊れて変容することを強く望んでいます。この意味で恋は罪悪です。**しかしながら、**恋で動いてしまうのはいつも相手より先に自分の方なのです。**自分だけが無事なんてことはありえません。あなたは、自分が相手の欲望の宛先になっていると感じた瞬間に全身を震わせてしまうし、相手から自分の一部を拒絶されただけで、全否定されたとのたうち回ります。そのような内的経験を通してはからずも自分が変容してしまうのは並大抵のことではなく、それによって人生の意味そのものが変わってしまう人もいるのです。

共感では足りない

高二のＦくんが言いました。「僕は恋をしたくないと思っているわけじゃないけど、人を好きになったり、嫌いになったり、人から好かれたり、嫌われたりするのに耐えられないんです。揺さぶられたくないという気持ちのほうが上回るから、恋愛をしようという気になりません」と。

でも、言葉とはうらはらに、彼の心はもうとっくに恋で動いています。こんなことを言うと彼から「いいえ、僕には好きな人はいません」と反発されるかもしれません。でも、恋というのは好きな人がいるから生まれるものじゃありません。そうではなくて、好きな人がいたら自分の穴ぼこが満たされるかもしれないという思いから生まれるんです。この意味で、彼はすでに自分の満ち足りることのないひとりぼっちの心に気づいて動き始めている。でも、動くと危ないことを感じ取って、そんな自分をなんとか押さえつけているのです（＊注1）。

共感によって手に入れようとした安心には、根がまったくない。それでも互いに「わかるよ」と頷《うなず》きあっている関係さえあれば、たとえ中身が紛《まが》い物であっても「自分は孤絶していない」という手応えは確かに感じられる。私は現実ではなく、現実らしさを望んでいたのだった。

尹《ゆん》雄大《うんで》『脇道にそれる』（＊注2）

恋に億劫《おっくう》なあなたは、LINEのやりとりやSNSでもらえる「いいね」を通して、かりそめの共感を求めるかもしれません。でも、共感によって手に入れられるのは現実らしさであり、それだけで満ち足りるものではないこと、むしろ「いいね」をもらえばもらうほど、さらなる承認が欲しくなって劣化した欲求が止まらなくなること、だからいつまでも安心できないことを、あなたはすでに知っているはずです。

それなら、恋であれば満ち足りるのか。否、恋というのは満ち足りたいと願う者どうしが、相手をまさぐることを通して自分を触知する営みに名付けられた言葉で、それはむしろ、他者と共に満ち足りなさを愛でるという新しい道を探る行為なのです。

あなたはすでに恋をしていて、その意味において、あなたは誰も歩むことができないたったひとつの道を歩き始めています。どうせ答えなんてわからない道だから、ひたすらに進んでみましょう。

注1：このことをテーマにした小説の一つが夏目漱石『こころ』です。また、前出の「恋は罪悪」のフレーズは同小説から採られたもの。

注2：尹雄大『脇道にそれる〈正しさ〉を手放すということ』（春秋社）より。傍点は引用者。

君もワンチャン狙ってるの？

「先生もワンチャン狙って女の人に声を掛けたことありますか？」

数年前に中三の男の子からそう尋ねられたことがあって、ワンチャンって言葉は下品だなと呆《あき》れたことがあります。私は思わず「そのワンチャンの用法、どこで覚えたの？」と彼に聞き返しましたが、彼は「みんな使ってますよ」とニヤけるだけなので、「マジキモいな」と思わず暴言を吐いてしまいました。

去年の秋には高三の受験生が「ＡＯ入試はワンチャンあるかもしれないからとりあえず受けときます」なんて言うから、「入試ナメすぎでしょ。ＡＯ入試受けるなら、それなりの準備が必要だよ。一般入試の人が勉強してる間に他のことをやらなくちゃいけないんだから、むしろリスクがあるのわかってんの？」といかにも真っ当な返しをせざるをえなくなりました。私はこのときたぶん、入試をナメてる彼に憤ったというよりは、自分の未来の不確定性を軽く扱おうとする彼の構えに反発したのだということが、いまならわかります。

日ごろ接している子どもたちが「ワンチャン」という言葉を急に使い始めたのは二〇一三年ごろのことでしょうか。すぐに廃《すた》れるかなと思っていたら、それどころかいまや誰もが使っていて、日常語として定着した感さえあります。

先月の国文法の授業のときに「ワンチャンって副詞ですか?」と中二の生徒から質問されて、「名詞として使うことや、「ワンチャンある」の形で動詞として使うこともあるけど、確かに副詞の用法がいちばん多いね」という話になりました。授業後、その子と「ワンチャン辞書にも載ってるかもね」と言いながらいっしょに調べてみたら、すでに二〇一九年版の『大辞林』(三省堂)には「ワンチャン」が確かに掲載されていました。

「ワンチャン」の用法については、もとは「一縷《いちる》の望み」くらいの意味だったのが、そのうち「もしかしたら」「たぶん(いける)」のような意味で使われるようになって、いまや「別に」くらいの軽い意味でも使われています。「今日の夕飯、カレーでもいいけど、ワンチャンうどんでもいいよ」みたいな感じです。使用が広まっていくうちに、最初の頃にあった露骨な下品さが身を潜め、その代わりに図々しさは増したなと感じます。

偶然性の時代

この言葉が若い人たちの間に広まったのにはきっと理由があります。それは、いまが「偶然性の時代」だからです。グローバル資本主義の現在、私たちの足場はいままでになく不安定です。成長神話（＊注）はすっかり過去の遺物で、将来に対して明るい展望を抱くことが難しくなっています。じゃあ、このやり場のない射幸心をいったいどうしたらいいの？　そんな時代のリアリティの中で、「ワンチャン」という言葉が若い人たちの間で囁《ささや》かれ始めたのです。

かつての成長神話に経済成長という実質が伴っていたのと同じように、「ワンチャン」にもそれなりの実態があります。現代は自分の能力をマネタイズできる経路がかつてないほど増えていて、例えば、うちの教室でもつい先日、中三のMくんがウェブデザインのコンクールで数十万円の賞金をゲットしたばかりだし（すごいね！）、他にもユーチューバーとして収益化に成功して、親からもらう小遣いよりも多い月収を得ている高校生もいます。つまり、誰もがワンチャン狙える時代になったというわけです。

このような、生まれた土地や環境、年齢や性別に関係なく、誰にでもチャンスがある状況をもたらしたのは、間違いなくデジタル化とインターネットの普及です。パソコンとネット環境さえ整えば、これまでハンディだと考えられていたことを飛び越えて、自分で自由に可能性を広げることができるなんてすごい時代だと思います。

昨今の「小中学生がなりたい職業」のアンケート（新聞社主催）では、たびたびユーチューバーが首位になって、その結果を見た大人たちの多くが眉をひそめます。でも、努力に加えて恵まれた環境や才能が必要な医者やパイロットに比べると、ユーチューバーは誰でもワンチャン成功する可能性があるんですから、子どもにとってこれほど「夢がある」職業はないだろうと思うのです。

ワンチャンという幻想

誤解を恐れずに言えば、「ワンチャン」は新しい時代の価値観です。つまり、新しい

注：この場合、資本主義社会において経済は止むことなく成長し続けるはずで、それを持続させることが社会的善であると考える傾向を指す。

時代の子どもたちは、意図しないうちに大人の嘘《うそ》に反発しているんでしょう。そして、旧来の価値観を押しつけようとする大人に抵抗しているのでしょう。「ワンチャン」は大人のパターナリズム（＊注）に対するレジスタンスになりえるんです。

例えば、学校には悪しき平等主義があります。それは、生徒全員をできるだけ同じに見ようとする思想です。同じに見ることで生徒間の公平性を担保できると信じている先生たちがいるんですね。クラス全員に同じ宿題を出すのも、「がんばれば誰でも成果は出る」と皆に檄《げき》を飛ばすのも、「スタートラインはみんな同じ」という考えに基づいているわけです。実際のところは、そのほうが相対的な評価をつける管理者（先生）にとって都合がいいからそうしているだけだと思うのですが、公平性という言い訳があるから、それがさも正しいことのようにまかり通っているんです。

でも、これは端的に言って間違いです。しかも、敗者（勉強ができない人、貧困な人など）は努力が足りないから敗者なのだという偏った見方（いわゆる自己責任論）を招きかねない悪質な嘘です。実際には、それぞれ向き不向きがあるし、習得するのにかかる手間も時間も人によって違います。さらに、「生まれ」という偶然性が、努力以前にその人の人生をいかに左右するかということは、いまや「親ガチャ」という一言で言い表されるほど周知のことになっています。

そんな時代に生きているみんなは、偶然性を「ワンチャン」の一言でみずからの味方に変え、それと戯れることで大人の設定を揺さぶり、嘘を暴いてしまいます。「誰でもがんばれば成果が出る」よりも「オレでもワンチャンいけるんじゃね」のほうが、リアリティがあるし希望もある。大人の嘘よりずっと響きがよくて、頼もしい感じがします。

でも、人って他人の嘘には敏感だけど、自分の嘘、つまり自分がデフォルトで設定した嘘には簡単に騙《だま》されるって知ってましたか？　大人は自分の嘘にすっかり気づかなくなっているけど、それはみんなも同じで、「ワンチャン」にもすでに嘘が混じり始めてるからそれに気づかないと取り返しがつかないことになるかもしれません。

ワンチャンのマズいところは、デフォルトでガチャ的発想を含んでしまっているとこ

注：この場合、大人が良かれと思って本人の意思を問うことなく子どもに干渉や援助を企てること。

ろです。みんなはゲームの中で、アタリのあるガチャに慣れてるかもしれないけど、ガチャって実は中身が入ってなくても、つまりすべてが外れでも成立するんです。要するに、ガチャの本質はすべてがハズレかもしれないという可能性を隠蔽できること、きっとアタリがあるだろうという幻想に浸れることなんです。偶然性という装置に対して恣意的に希望という色を加えているんですね。

ワンチャンも同じ原理で成り立っています。ワンチャンはワンチャンス（one chance）ですから、そう言ってるかぎり一つくらいアタリがあると信じることできますよね。でもそのガチャの中身があるって誰が決めたんですか？　アタリが一つも入ってなかったらあなたはどうしますか？

親ガチャだってそうですよ。親ガチャって「もっといい親のもとで生まれたら、私の人生違ったのに」という嘆きですよね。でも、そういう嘆きはボードレールの「どこだっていい！　どこだっていいんだ！　この世界の外でありさえすれば！」（N'importe où?! n'importe où?! pourvu que ce soit hors de ce monde!）という有名な言葉を引くまでもなく、あらゆる国のあらゆる人たちが抱いてきた幻想なんです。わたしはここではない別の場所に行きさえすれば、ワンチャン人生が良くなるに違いない。もしかしてあなたもそう思っていませんか。

でも、残念ながら親にアタリはないんですよ。知ってましたか？　確かに、圧倒的にダメな親がいるのは事実です。でも、それぞれの環境に違いはあるにせよ、アタリがあるなんて幻想ですから。まさか、金持ちの親に当たればアタリだと思ってますか。そんなわけないじゃないですか。親子の関係はお金があればいい、というような簡単なものではないんです。あなたがずっと幻想に浸ったままでいることはあなたの自由ですが、ガチャって慰み物だから、使いすぎには注意してくださいね。

こんなふうにネガティブなことを書き連ねると、「ワンチャン」ってダメじゃんみたいになってしまいますが、そうじゃなくて、ワンチャンの手触りには確かに面白いものがあると私は思っています。ワンチャンを実感として知ってるあなたたちは、いまの大人にはない別の感覚を手にしているのですから。

あなたは「自由」の手ごたえを知っている

現在のゲームの主流である仮想世界を自由に動き回るオープンワールドゲームは、空間がプレイヤーの行為を先回りすることを注意深く避けます。パターナリズムを排したその空間にあるのは、新たな行為を喚起する手がかりのみです。バイオームやモブ（マインクラフト）といった手がかりを通して行為と行為がつながり、やがてそれらが関係性を深め、今度はその関係から新たな機能が生じるゲームの世界では、ミッションのクリアよりも世界そのものの成熟が求められます。

世界の成熟とはつまり、その世界の中で新たな「文化」が醸成され育まれることです。私は、オープンワールドに文化の雛形を発見したとき、いまの子どもたちはこんなに面白いものに夢中になってるんだ、こんなリアルな形で文化が育つ手ごたえを味わっているのかと、驚かずにはいられませんでした。

かつて、みんなの親世代が遊んできた場所は、これとは性質が異なっていました。その場所では、そこで行われることがあらかじめ決まっていました。全国各地のテーマパークや遊園地もそう、ドラクエなどのＲＰＧもそう。そこでは、決まった設定とストーリーに沿ってスリルを味わったりミッションをクリアしたりするのが目的だったわけです。でもいまのゲームは明らかに大きく変容しています。

プレイヤーがオープンワールドゲームの世界に「自由」を感じるのは、そこが無既定の白紙の場所だからではありません。むしろ、既存のRPGと同等の明確な特性を持った世界がそこにあり、かつ、その世界の行動基準がキャンセルされているから「自由」を感じられるのです。

でも、リアルな現実世界ではなかなかそうはいきません。なぜなら、手がかりを摑《つか》もうとする前に、あらゆる行動基準によってがんじがらめになってしまうからです。自由に動こうと思っても、周りがそれを許さない（と感じる）。その結果、どうしても与えられたミッションをクリアするようにしか生きることができなくなってしまいます。

だから、現実世界で「自由」を手に入れるためには、現実の中でいかにパターナリズムな行動基準をキャンセルできるかがカギになります。

この意味で、二〇二〇年以降のコロナ禍における大人たちは（反面教師的な意味で）良い教材になりました。疫禍《えきか》というのは、研究者を除く一般の人たちにとっては、ウイルスとの戦いというよりは、「わからない」ことにいかに対峙《たいじ》するかという戦いです。そんな中で、多くの大人たちは、わからないことをさもわかったことのように単純化して語ることを好みました。そして、すぐに誰かに模範解答を求め、その相手が解答を間違えると、皆で責め立てることを繰り返したのです。

我先にと正解を求める大人たちは、政府に対して、ワクチンやロックダウンといった個人の生命の自由にダイレクトにかかわる政策を次々に要求します。個人がじかに国家に連結されることに違和感を覚えることなく、個人が国家の掟《おきて》に依存を強めることを警戒することもなく、ただひたすらに政策の遅延と効率の悪さにキレ続ける大人たちの姿は、経済効率優先であらゆる無駄を排した政策を推し進めてきた新自由主義者たちの姿と酷似していました。それはまさに目先だけを追うパターナリズムであり、そんなことではうまくいかないことをコロナ禍の経緯自体が雄弁にものがたっているのにもかかわらず、それに気づこうとしなかったのです。

コロナ禍の前と後とでは時代が大きく変化する。だからそれに備えないと……。わかったつもりの大人たちはそんなことを言い続けていましたが、変化に備えようとしてもパターナリズムに埋没するだけですから、**そんなときこそむしろ「変わらないもの」に着目するのがおすすめです。**

つい先日、『吾輩《わがはい》は猫である』（夏目漱石）を読んだ高二の子が、「これいまの話じゃね？　というのがたくさん書かれていることに驚いた」と言っていました。漱石は百余年前の作品で文学史の中では新しい方ですから、もっと古い作品、例えば『源氏物語』（紫式部）でも『国家』（プラトン）でもいいのですが（＊注）、こういう「古典」と言われる本には、マジそれな！　というエピソードがちょっと信じられないくらいの質と量で書かれていて、そういうちょっと普遍的な人間のクセみたいなものを若いときに文学の中で発見するのは、とても大事というか、他の知識では補えないものです。

こうした文学の中で私たちが学ぶことができるのは、濃淡はあるにせよ人間は時代が変わっても全体としてみれば大きく変化することはないということです。そして、そう

注：『吾輩は猫である』は一九〇六（明治三八）年刊行。『源氏物語』（紫式部）は一一世紀前半（平安時代）、『国家』（プラトン）は紀元前四世紀の作品。

いう「変わらないもの」が腑《ふ》に落ちたとき、その反対の「変わるもの」「変わりやすいもの」が、いかにも流動的なものとして目に飛び込んでくるようになるはずです。

人間が「変わらないもの」だとすれば、ある時代の人間たちが抱く特有の「価値観」は、その対極にある「変わりやすいもの」だと言えます。だから、「ワンチャン」がいまの価値観の一面を表しているとすれば、その言葉のリアルな息遣いは、そのうち耳を澄ましても聞こえなくなるでしょう。

このように「変わらないもの」を探りながら、同時に自分の価値観を客観的に捉えることで、ようやくパターナリズムな行動基準をキャンセルし、自由に生きる手がかりを得ることができます。そして、価値観は変わるものだと深く知ることで初めて、自分の価値観を絶対視することなく、他者の価値観を「それもありですね」と味わうことができます。多様性を知ることは、価値観を捉え直すことからしか始まりませんし、それは価値観の可変性に希望を見出すことでもあります。

昨日、中二のUさんが不意に言いました。「ワンチャン、ワンチャンいけるかも！」

まさかのワンチャンの二重用法。私の価値観ではちょっと捉えようのない世界ですが、でも、その世界もワンチャンありですね。

ある高校の生徒会室にて

「K高校生徒会指導部は、来年度から男女かかわらずズボンとスカートの着用を認める「制服選択制」を実現するために、校則の変更を求める陳情書をPTA運営委員会及び校長に提出します。これは、性的少数者、LGBTの生徒にとって、学校生活が過ごしやすいものになるだけでなく、多様な価値観を受け入れ、尊重することが重視される社会の流れに沿ったものとなります」

会長の小野さんがそう言うと、美化専門委員の佳穂さんがすぐに挙手をして発言します。

「私は会長の提案に賛成です。なぜなら、LGBTの人たちが自認する性別と異なる制服を着るのはとても辛いと私は思うからです。その人たちが苦しい思いをせずに学校生活を送れるようにするためにも、制服選択制が私も必要だと思います」

同じような発言が五、六人続いたあと、図書専門委員の想起くんが思いつめたような表情で立ち上がり、言葉を継ぎ始めます。

「いや、ＬＧＢＴの中にもいろんな人がいて、制服が選べればいいという問題でもない気がするのですが」

想起くんがそう言うと、話に水を差されたことが不愉快だったのか、それとも要領を得ないことを言うやつだと呆れられたのか、着席する委員たちの冷ややかな視線が一斉に注がれます。

「え？　では、想起くんはこの案に反対ですか？」

「いや、制服が選べるのは良いことだと思います。でも、ＬＧＢＴを一括した主語で議論するのは明らかに間違いだし、だって制服が選べたらいいなと思うのは性的マイノリティの中でもトランスジェンダーとか一部の人だろうし、あと、佳穂さんはさっき、「ＬＧＢＴの人たちが、自認する性別と異なる制服を着るのはとても辛いと思う」って言いましたけど、いつ本人たちの辛さを理解したのかなと思って」

想起くんから名指しされた佳穂さんは憮然《ぶぜん》とした表情で答えます。

「想起くんの指摘のように、私の周りではそういう人がいないし差別もないから、当人たちの気持ちは完全にはわからないところもあると思います。でも、誰だって自分が着たい制服を着る権利はありますよね。それくらい想像したらわかりませんか？　それに、社会でたくさんの方たちが声を上げているのを見れば、これが必要なことだということもわかります。私たちが行動しなければ、いつまでも現状を変えることはできません」

佳穂さんの堂々とした反論に、小野さんをはじめとする多数がしきりに頷《うなず》きます。想起くんはここが踏んばりどころです。

「佳穂さんはいま、周りにそういう人がいないし差別もないと言いましたが、本当に差別はないのでしょうか。周りにそういう人がいないというのは、気づいていないだけなんじゃないですか？　ということは差別があることにも気づいていないのではないですか？　佳穂さん自身も差別をしていないと思ってるからそういうことを言うと思うんですけど、自分が差別してないと思ってるなんてマジでヤバいなと思いました。この話し合いのみんなひとりひとりの発言や判断の中にも、無自覚な差別がしみ込んでいます。マイノリティの人は、生まれ落ちた社会がデフォルトで自分用に作られてないと気づかされる経験をしているけど、マジョリティの人たちはそういうことに気づかなくて済む

からマジョリティなんです」

想起くんの発言を遮るように、小野さんが鋭い声を上げます。

「ちょっと、言いがかりはやめなよ。ここにいるみんなが差別主義者みたいに言うの、どうかしてるよ。想起くんは、マイノリティの辛さをいつ理解したの？　とか言ってきながら、自分こそさっきからマイノリティがわかったふうに発言してるけど、いつの間に想起くんはマイノリティの代表みたいな立場になったの？　もし自称マイノリティなんだとしたら、いつ自分をマイノリティに認定したの？」

このとき、小野さんは心なしかニヤリとしたように見えました。想起くんは憤然として言い返します。

「言いがかりって……マジで自分は差別をしない人間だと思っているんですね。信じられない。**マイノリティというのは認定とかじゃなくて、さっき言ったみたいに社会が自分用にできていない……という気づきと傷つきの経験なんだよ。それは、どれだけ権利をもらっても全部は解消されない。**そんなこともわからない人たちが、制服を自由に選べるようにしてマイノリティに権利を与えましたとか、どれだけ上目線かわかってんの？　マイノリティにやさしくして差別をなくしましょうとか、いかにもマジョリティ側のありきたりの口上なんだよ。何が社会の流れに沿うだよ。それこそ、まさにマジョリティの思考じゃないか。そうやって、我が身を守りたい人たちに虐げられ続けるのがマイノリティなんだよ。マジでムカつく」

社会的包摂という新たな支配

想起くんは、性的マイノリティの権利を認めると言っている仲間たちの軽さに、心からの怒りを表明しています。**「差別はいけない」という形でマイノリティが社会的に包摂されるようになった状況は、これまでのマジョリティの支配と何も変わっていない。むしろ、それも差別の一形態じゃないか。**想起くんはそのことに気づいて怒っています。

しかし、それは「善いことをしている人たち」には言ってはいけないことでした。つまり、自分がいったん抱いたはずの罪悪感を放り投げて、社会的に自分が「善いことをしている」側についた人たちにとって、それはどうしても認めるわけにはいかないことなんです。**自分を善良の立場に置くことがいつも差別の構造の根本にあるのに、**いったんその立場に立ってしまうと、それを保持することに躍起になり、肝心なことに気づかなくなってしまうものです。

ある人の怒りや頑なさがその人のマイノリティ性に由来している場合、マジョリティはそれを無根拠で理不尽な暴力だと受け取りがちで、その人が自分の想像もつかないところからメッセージを放っていることには気づきません。ここに争いの元があります。マイノリティはこのような「伝わらなさ」を繰り返し経験して、自身が決定的に理解されない疎外された存在であるという事実を幾度となく突きつけられます。このようなマイノリティの闘争は、マジョリティになかなか理解されることはありません。

「想起くんが怒ってるのはわかったけど、でも、想起くんはそもそも制服の選択制に反対じゃないんだよね。それなのに言い方のせいでわざわざみんなの考えに楯《たて》突いていると取られてしまっていて。でも、別に私たちは別の方向を向いているわけではないわけで……。だから、もう一度この制服選択制に賛成か反対かにしぼって話ができたらいいんじゃないかな」

佳穂さんが白と黒のまん中にいるようなニュアンスで話すので、委員のみんなは少しほっとしたような雰囲気になります。しかし、それでも想起くんは猛然と立ち上がって再び話し始めます。あからさまなため息があらゆる方向から聞こえてきます。

「みんなそうやっておとなしく座ったままで、自分だけうわべをきれいにしておけばいいと思ってるんだろ。いくら善い人ぶってても取り返しはつかないよ。僕はもっとマジメに話をしたかったんだよ。そうやって、君たちはマジメがどんなものか一生知らずに済んでしまうんだろ。外面だけで生きてるなら、もっとわかりやすく軽薄でいろよ。ハヤりに乗ってわかったようなことを言うなよ。マイノリティを利用するな！」

差別があるままに他者と繋がる世界に生きている

これは今年の春から「制服選択制」が実現したある高校の生徒会室で、一人の高校生が格闘したある日のことを綴《つづ》った文章です。「制服選択制」という先進的な取り組みの陰で、かき消された一人の声がありました。それを拾いたくて、私はここに書きつけました。

「制服選択制」は、実際の運用にさまざまな困難があるとはいえ、一部の生徒たちにとって間違いなく必要な制度です。しかし、マジョリティ主導の制度の構築は、各人で異なるマイノリティの意向をすべて汲《く》み切れるものではないこと、そして、権利さえ得ることができればそれでOKというわけでもないことくらいは踏まえておくべきでしょう。

あなたの周りには差別はありますか。あなたは、昔よりずっと「差別はいけない」という声が強い社会に生まれてきました。そんな中で育ってきたあなたは、もしかしたら私の周りには差別がない、そう思っているかもしれません。肌の色が違う子とも、自閉症の子とも私は仲良くしている、みんなも仲良くしている。だから、私は差別をしていないし、私の周りにも差別はない。そう思っているかもしれません。

でもそうだとしたら、あなたは大きな勘違いをしています。マイノリティが生まれ落ちた世界には、あらかじめ差別が仕掛けられているんです。

例えば、多くの性的マイノリティの人たちは、規範的な家族観に支えられた自分の家族の中で、今日も肩身がせまい思いをしています。私の欲望を認めてくださいと心の中で訴え続けています。自分が生まれ育った家族の中でさえそうだということを、考えてみてください。欲望なんてほんとうは人に認めてもらうことじゃないのに、お母さん

（お父さん）許してよと叫び続けているんです。そういう切実さをマジョリティは想像できません。だからあなたも、自分の想像に及ばないことがある、それを知ることから始めてください。

そして、もしこれを読んで、想起くんはわたしだ、そう思った人がいたとしたら、あなたの仲間は確かに少ないかもしれません。でも、必ずいるし、あなたは孤独だけど楽しく生きることはできるし、だから、あなたの欲望を無理に押し込めなくても大丈夫。そう伝えておきます。

あなたは差別と共に生きてきた

あなたはきっと今日も差別をしました。私たちの価値判断には逐一差別がこびりついていて、それを引き剝がすことはなかなかできません。あなたがどんなに仲良くしてる相手でも、好きな相手でも、息を吐くように差別しているのがデフォルトで、それを理解したとしてもなお、あなたはその人を孤独にし続けるんです。優しくしたいなら、それくらいわかって優しくしてください。

あなたは幼い頃から親から差別を教えられて育ってきたんですよ。親が子どもに傾ける愛情の端々には差別がこびりついていて、子どもはそういった差別に守られているという側面さえあります。だから、「差別はダメ」と言うことがいかに難しいか。だってそれは私たちの主体に関わることなんだから。そのことをもっと徹底的に見つめていかなければなりません。私にとっての良い親の定義のひとつは、「これほど差別はいけないと思っている人でも、ある面で差別的なんだ」ということを子どもに知らしめる存在としての親です。

あなたは昔よりずっと、差別がないという装いだけが整えられた世界に生きています。だからこそ、あなたは積極的に差別のことを知る必要があります。これからはますます差別を語ることが難しくなっていきますから。

最後に、ここまで読んで誤解してほしくないのですが、あなたは、目の前の友達が、もしかしたらマイノリティで最初から傷ついているかもしれないと、そんなふうに構えて接する必要はありません。そんなことをはじめから想定しないから、あなたは友達とキラキラした関係性を結ぶことができます。**あなたはいつも、差別があるままに他者と**

繋《つな》がり合う世界に生きているんです。

あなたには、「優しい」世界にも差別があるということに気づいてほしいし、逆に「差別がある」にもかかわらず優しい世界があるという逆説的な世界とも出会ってほしいと思います。そのために、私はこの文章を書きました。

善が偽装された世界

それにしても、あなたはしょうもない世界に生まれてきました。人類の歴史の中で、これほどにあらかじめ悪いことができないように設計された社会はなかったはずです。未成年者が酒やタバコを手に入れようと思っても、年齢認証システムなどにより購入することが難しくなりました。近所の危険なにおいのする場所は、あらかじめ立ち入ることができないように鉄条網で囲まれています。友達の家を覗《のぞ》いてやろうと思っても、オートロックのせいで近寄ることもできません。他にも、PG‐12やR‐15、R‐18などの映画のレイティング、有害サイトへのアクセスを未然に防ぐフィルタリングなど、例を挙げ始めたらきりがありません。有無を言わさぬシステム網が子どもたちを未然に制御しているので、それに身を委ねていたら、あなたは自動的にいい子になる。いまはそんな社会です。

でも、物事の善悪というのは、本来、自分の身体を使って学んでいくべきものでしょう。それなのに、大人は慎重にふるまうことを教えるばかりで、勇気をもって試してみるということをあなたに教えません。あなたが一歩進んで転びそうになったとたんに、すぐに抱きかかえてあなたを安全な位置に戻してしまいます。試してみるというのは、善悪の沼に飛び込んでみて、泥だらけになって悪の味を知るということなのに、あなたにはそんなことさえ許されていません。

システムによる悪の排除によって、確かにあなたは悪をなさなくなるでしょう。それは社会にとって良いことです。だから、大人は今日も悪の排除を進めるのです。**でも、悪をなさないあなたは善をなしているわけではありません。そして、悪をなさないとしても、それはあなたが悪を克服したことを意味しません。**

こんな社会で育ったあなたはまだ、善悪なんて何もわかっていないのかもしれません。わかっていないのに、わかったつもりになって自分を善人だと信じているあなたは、結果的に管理社会にとって都合のいい人間になろうとしています。一生懸命に「いい子」を演じてきたあなたにこんなことを言うのは不憫《ふびん》な気もしますが、あなたは今日も、積極的に管理社会に加担するような、人間の多様な可能性を封じることに躊躇《ちゅうちょ》しない人格をみずから育んでいるのです。

悪を実体化する「善き人」たち

二〇二〇年以来のコロナ禍を通してこれまで以上に可視化されたのは、いかに大人が自分の力で何が善で何が悪かを見極めようとしないかということです。どんな悪でも、いったん善いこととされてしまうとそれに対して疑いを持たなくなるのです。易《やす》きに流れる大人たちによって形成された世論の奔流は、善悪の判断を保留している人たちに牙をむいて襲い掛かります。**人はいったん善に居直ってしまうと、それに疑いを持つこと自体が悪に加担していることなのだと善に寝返らない人たちを責め立てるのです。**

しかし、善悪とは何かという問いは決して簡単に割り切れるようなものではありません。割り切れないからこそ、善悪の審判は自ずと戦略的なゲームの結果として、言い換えれば、政治的な（＊注）暴力によって下されるわけで、賢明な人たちはその場面こそを

注：具体的他者と交わる際には常に政治的局面が現れます。他者に対するふるまいを気にする（ときに気にしない）ことが、そのまま政治的であるということです。

注視しなければならないはずです。

それなのに、大人はその複雑な構造を見ることはせずに、悪を実体化することを通して自分を善の側に置こうとします。だから、私たちが一番に警戒すべきなのは、みずからを善人と確信して悪人を裁く人です。さらに、悪人にも事情があるはずだと悪人を憐《あわ》れむ人です。

善き人たちが悪を実体化する例は、数え上げ始めたらきりがありません。たとえば、ブラック企業（最近はいくつかの観点から問題があるとされている用語ですが）という言葉が語られるとき、そこには人間を搾取してその尊厳を危うくする邪悪な主体としての資本家が想定されています。

しかし、これは端的に言って間違いです。資本主義社会における労働者と使用者の関わりを分析し解明したことで知られる経済学者のマルクスは、資本家による労働者の搾取を厳しく批判しました。しかし、彼がそこで明らかにしたのは、そのような搾取は資本家が邪悪だから生じるのではなく、単に資本の論理に従って生産活動をせざるをえなくなった結果であるということでした。

社会的なさまざまな現象は、善悪では説明できないものばかりです。「悪い人」だから悪いことをするという判断はトートロジーの域を出ておらず、それで何かを解明できたと思ったら大間違いです（この点で言えば、現代の政治を批判するときに、「悪い政治家」がいるから社会が悪くなるという考えは、間違ってはいないにせよ、短絡的すぎます。政治の結果は良くも悪くも政治家個人の意図や目的とは直接結びつかない、それとは離れたものであることを踏まえることが大切です）。つまり、善悪の判断は個人の意図や目的から離れることができないという意味で限界があります。物事を客観的に捉えようとする際には不都合な見方なのです。

そのような事情から、現象を善悪の判断から切り離してそれ自体として観察することが試みられるようになりました。そして、観察を通して、その中にある論理や法則性が発見され、その営みは社会科学と呼ばれるようになりました。このように、社会に生起する現象を、善悪などの規範的論理に頼ることなく、より客観的な形式で表現する手法を人間は探り続けてきたのです。

こうした学問の積み上げにかかわらず、何者かを悪に仕立てることで、自分を善良の側に置く大人は後を絶ちません。彼らは、自分が見たくないものは見ないままに、そのくせ誰かを裁く快楽に甘んじるばかりなので、いつまでも問題の構造自体は見えず、解決は遠ざかるばかりです。

自己愛という動機に支配されながら、善き人として社会的承認を得ることに傾注する彼らは、うまく立ち回ることができる賢い人間です。でも、「善き人」である彼らがうまくやればやるほどに、きっと社会は荒廃していくことでしょう。

そういえば世の中には、たとえばペシャワール会の中村哲さん（＊注）のように「善き人」として称えられている人もいます。しかしながら、彼ら自身は決して自分を善き人の立場に置くことを好まないはずです。

なぜなら、彼らは自分の信念を貫くことが、ときに他人を不幸にすることを知っているからです。その困難を身に沁《し》みて感じているからです。だからといって信念を捨てることはできず、かといって、他人を見捨てることもできずに揺らぎ続けている。世間から「善き人」とされる人たちの実像は、献身的な善い行いの中にあるのではなく、迷いと揺らぎの中にしかありません。

だからあなたも、自分や他人をいたずらに「善き人」に見立てることなく、善と悪の間で揺れ続けるしかありません。いつでも「善くありたい」と切望しながら、一方で自分の裡《うち》にある悪の手触りをジリジリと感じ続けるしかありません。

善が偽装された世界に生きるあなたへ

私は学生時代、体育祭などで行われる集団行動が大嫌いでした。一時的ではあれ、それが完全に正しいという姿勢を取りながら、個人をモノのように取り扱おうとするやり方に暴力性を感じ、猛烈な気持ち悪さを感じていました。だから、そのような横暴さに対しては、私の方もそれは間違っているという単純な二元論を披瀝《ひれき》するしかありませんでした。学校の校則には法的根拠がないことに気づき、間違っているのはあなただと、職員室に乗り込んで先生たちに主張したこともありました。

しかし、これってある種の演技なんですよね。みずからで「善」を気取る演技。でも、

注：一九八四年にパキスタンのペシャワールに赴任以来、同国やアフガニスタンの貧困地区や山岳無医地区での診療活動を行ったほか、現地での大規模な灌漑《かんがい》水路の建設にも携わりましたが、二〇一九年にアフガニスタンのジャララバードで凶弾に倒れました。

演技の気持ちよさにそのまま自分を乗っ取られてしまう人が多いのでしょう。私自身、学級委員やら生徒会やらをやっていたこともあり、間違いなくそういう傾向があったと思いますし、いまでも完全に拭い去ることはできていないかもしれません。

しかし、そうじゃない人たちもいました。「あなたにもいいところがあるよ」「もっと自信を持って!」「やればできるよ!」……。そういう大人の甘い言葉が、単に自分を扱いやすい子どもに仕立てようとする都合の良い嘘であることに気づいて、彼らはそれに全身で抵抗していました。周囲の好意を全力で蹴飛ばして、同時にまだ何者でもない自分の無力さを責めていました。そして、彼らは無力感を持て余したまま、グレた行動をとっていました。

彼らがやった悪いことを擁護する気持ちはありません。しかし、彼らは少なくとも善人であることを自認するような人たちではありませんでした。みずからを善人と確信して、悪人を裁くような過ちは犯していませんでした。

現在は、多様性が大切だといたるところでスローガンとして掲げられているわりに、悪に対する不寛容はすさまじいものがあります。鋭い言葉遣いや頑なな態度は、それだけで多様性を十分に認めないものとして排除される傾向にあります。だから、彼らの体当たりの抵抗は、いまや時代遅れの野蛮さとして簡単に退けられてしまうでしょう。でも私は、こんなふうに、善を気取ることさえできなかった彼らの粗暴さに人間らしさを見出し、ささやかな親しみを感じます。

ただし、いまの子どもたちも「いい子」ばかりではありません。彼らの中には大人が設計した善を偽装した世界を突破して、悪が可視化された世界を楽しんでいる子もいます。たとえば、中一のある子は、毎日ダークウェブを彷徨《さまよ》いながら世界の巨悪を垣間見《かいまみ》てニヤニヤしていますし、他にも、オンラインゲームの界隈で、年齢関係なくおしゃべりをすることで大人のリアルな本音を聞き出し、そこから社会の悪を嗅ぎつける子もいます。

子どもたちは日常的な遊びの中でも悪を抽出してみせます。彼らは、たびたび差別スレスレの発言をしたり、不謹慎な替え歌を歌ったり、不穏な絵を描いてみせたりしますが、そういうとき、彼らはギリギリアウトを狙う遊びをしていると感じます。そして、私はそんなときに子どもの生き延びる本性を見せつけられた思いがします。

きっと子どもたちは、ギリギリアウトを狙った遊びを通して、みずからの身体でヒリヒリとした悪を実感しようとしているのです。だから、これを読んでいる大人には、子どもに目くじらを立てることなく、ある程度勝手気ままに泳がせてあげてほしいと思います。大人（特に親）が子どもに許容できることの範囲は、世界の大きさに比べたらあまりに小さいですから。

あなたはこれからも、善き人を追い求めながら、そのたびにあくどい自分を見出して絶望しながら、生き抜いてください。人を気遣い、配慮すればするほど、自分に避けがたく悪が忍び寄ることを全身で感じながら、自分の善意にことごとく挫折しながら、それでも強く生き延びてください。

「自分の言葉で話す」って難しい

数日前に、小論文が書けないと相談をしてきた高三のRさんが「自分の思考を言葉にできないんです」と言ったので、私はとっさに「自分の思考って何？」と尋ねてみたのですが、彼女は「うーん」と考え込んだきり、何も言えなくなってしまいました。

このとき私は「自分の思考を言葉にできない」と言ったばかりの彼女に対して「自分の思考って何？」と言葉で答えさせようとしていたわけで、そんなの答えられないにきまってるんですが、ここで私が尋ねたかったのは、いまRさんが言った「自分の思考」ってほんとうにあなたの中にあるの？　どうしてそう言えるの？　ということです。

構造主義（＊注）の立役者の一人として知られる言語学者ソシュールが明らかにした言語についての大きな成果の一つは、**私たちが「自分の思考」だと思っているそれは、言**

注：ここでは一九六〇年代に登場し、おもにフランスを中心に発展した現代思想の一つ。ソシュールの言語理論の影響のもとで、現象を成立させている規則や関係などの構造を分析する。

葉で表現されることによって初めて生じたのであり、思考が言葉とは別に自分の中にあるわけではない、ということです。

このことを踏まえれば、あなたがもし小論文を書くときに何か適切な表現を見出したとしたら、それはあなたの中にすでにあった「自分の思考」に言葉を与えたわけではなくて、あなたが言葉を見出すと同時に、その言葉が表現する思考を作り出したわけです。

ということは、Rさんの「自分の思考を言葉にできない」という言明はちょっと無理がありそうです。だって、この言い方は「言葉」に先立って「自分の思考」があることを含意していますから。

そうではなくて、彼女は単に「自分の思考」のようなまとまったものは何もないこと、言葉が不足しているから十分な思考が成立していないことを認めなければならなかったのではないでしょうか。でも、そんなことを認めるのはイヤですよね。なんだかバカにされている感じがします。

Rさんは直球で小論文が「書けない」ことを悩む生徒でしたが、小論文が「書ける」と思っている生徒だって大差はないかもしれません。高校生たちの小論文の答案を読んでいると、勇敢にも問題文（著作家たちの執筆内容）に真っ向から反論を試みるものが多く見られます。中には面白いものもあるのですが、しかし、そのほとんどが言葉足らずのイキリ芸に終始しています。

過剰なエネルギーが空回りする彼らの文章を読むのは、真夏のビーチでモヒートを飲んだときのような爽やかな快楽さえあるのですが、でも、問題文の論旨を全く理解できないまま、苦し紛れに的外れな自分語りをしているそれは、お世辞にも良い文章とは言えません。

それにしても、「自分の思考」は言葉と同時に生まれるのであって、言葉以前には自分の思考などないなんて、私たちはなんておぼつかない存在なのでしょうか。それをさらに煮詰めて考えてみると、そのおぼつかなさは言葉がはじめから持っている性質に由来していることがわかってきます。

言葉は誰のもの？

私たちはふだん、自分がしゃべる言葉を「自分の言葉」だと認識しています。だから、人前でしゃべるのは自分が試されているようで緊張するし、意見を求められるとなんとか自分の言葉で相手に伝えようと躍起になります。

でも、そもそも言葉というのは、自分のものとは到底言いがたく、もともと他人のものなんです。あなたは、生まれたばかりのときには言葉を持ちませんでした。そこから少しずつ、親や家族、周りの人たちを真似しながら、あなたは少しずつ言葉を覚えてきました。そしていま、他人からの借り物としての言葉をあなたは日々話したり、記述したりしています。

あなたが言葉を扱う以上は他人の存在が不可欠で、あなたは言葉と言葉のあわいをまさぐりながら、他人とわかち合うことができる言葉を探す営みを、今日も続けています。だから、**言葉を習得することは、他人の視点から見てみるということであり、他人の視点に無理やりにでも合わせてみるということです。さらに、それは社会の中に自分の身を擲《なげう》って、社会の秩序の中に自分を組み込もうとすることでもあります。**ということは、私たちは言葉を扱うことを通して、他人や社会（＝自分が属する言語共同体）の価値観を承認し続ける存在であるとさえ言えるでしょう。

だから、この意味においてあなたは「自分の言葉」や「自分の思考」を安易に信じてはいけません。「言葉を通して思考する自分」こそが自分なのだと思うのは危ないのです。

なぜなら、それを信じてしまうと「言葉を通して思考する自分」はすでに他人に乗っ取られていることがわからなくなってしまうし、同時に自分が発する言葉のひとつひとつが既存の価値観を反復しているという事実に気づかなくなるからです。これは、個として自分独特の生き方をしたいと望む私たちを脅かす事態です（ちなみにこの観点から、外国語の習得は、異なる言語のもとでは世界を認識する枠組みと価値観がいったんキャンセルされてしまうことを深く味わうことができるという意味においてこそ重要だと言えます）。

さらに踏み込んで言えば、私たちの「経験」というのは思考の枠組みの一つです。だから、あなたの経験はあなたが使用する言葉によって規定されています。もっと正確に言えば、言葉はあなたの具体的経験そのものであり、経験は言葉のうちにあります。ということは、あなたは自分の経験を世界のありのままを映したものだと規定することはできないし、誰にでも適用できるような普遍的なものだ考えることもできないわけです。

これまでの内容を踏まえると、**自分の思考や経験をメタで客観視することは、自分の思考や経験が言葉の問題であることを認識できるかどうかと深くかかわっている**ことがわかると思います。それは、千葉雅也《ちばまさや》の言葉を借りれば、**「言葉を言葉として意識している自分であるか」**（＊注）という問題でもあります。このことがあなたの根っこに無ければ、あらゆる抵抗は他の経験と一緒くたになって雲散霧消してしまうでしょう。

それにしても、自分の言葉で話すというのは並大抵のことではありません。でも、自分独特の生き方というのは「自分の言葉」で生きていくことの言い換えであり、それを抜きに語ることはできません。だから、何としてでも持久戦でつかみ取りたい、つかみ取ることが難しくても、何とか自分の中でホールドし続けたい課題です。

言葉は新たな現実をつくる

私たちは、大人になる過程で多くの他人と出会い、彼らからたくさんの言葉をもらいます。でも、出会いが多ければ自分の言葉で話せるようになるかと言えば、残念ながらそう簡単にはいきません。大人にとっても自分の言葉で話すのはとても難しいことです。

この前、中学生の三者面談をしていたら、あるお母さんが「そんなことをしたら、お父さんに怒られるよ！」と子どもに言いました。このとき私は思わずおやっと首を傾げてしまいました。なぜなら、お母さんがあまりにわかりやすいレベルで自分の言葉で話すことを放棄していると思ったからです。だって「お父さんに怒られる」からやってはいけない、ではお母さんがどこにもいないですよね。こんなふうにはじめから自分が発する言葉が自分のものであることを手放してしまうのは、言葉を真剣に扱っていない証拠です。

大人の言葉は極めて狡猾《こうかつ》に使われることもあります。例えば、親がAかBどっちにする？　と子どもに尋ねるときには、子どもが実際にどちらを選ぶかにかかわらず、親は自身が設定した選択の範囲内で判断を迫るという形で、子どもの思考の枠組みをコントロールしているわけです。コントロールというのは、わかりやすく相手を自分の思考に染めるのではなくて、こんなふうに相手をある枠内でしか思考できないよう追い込むこ

注：『勉強の哲学　来たるべきバカのために』千葉雅也（文藝春秋）より。千葉雅也は日本の哲学者、小説家。『現代思想入門』（二〇二二年）、『オーバーヒート』（第一六五回芥川賞候補）など。

とによって遂行されます。でも、それは表面では子どもの意志を尊重する体をとるから、子どもはもちろん親自身さえその権力構造になかなか気づきません。

なぜこんなことが可能になるかといえば、**言葉には新たな現実をつくる力があるからです**。この場合、AかBのどちらかしか選べない世界を親が作り出してしまったのです。もともと子どもには、AとB以外にも無限の選択可能性があったはずなのに、AかBと言われてしまえば、子どもはその現実になんとか対応しなければならなくなるのです。こうやって、いつの間にか一つの現実を作ってしまう言葉の力というのは恐ろしいです。**言葉というのは、新たな現実を立ち上げることによって、その人の言葉を、そしてその人自身の言葉による選択の可能性を、決定的に奪ってしまうのです。**

これらの例が示しているのは、大人は、言葉によって新たな現実が立ち上がる力をまるで道具のように利用することで、みずからの欲望を隠したままにその目的を叶《かな》えようとするということです。ソクラテスによるソフィスト批判（*注）の要もそこにあるわけで、これはいまに始まった話ではありません。そして、こういう大人の言葉の使い方をあなたも否応《いやおう》なしに学んで引き継いでしまっているはずです。

自分の言葉で生きるために

あなたはよく親や友達などの親しい人たちとの間で「言った、言ってない」の争いになることはありませんか？　あれって言った側は「私はあなたに間違いなくその情報を伝えた」と主張しているわけですが、残念ながら言葉は情報だけでできていないんです。

言葉は、何が語られたかではなく、どのように語られたかの方が大事です。言葉は関係性のかたちそのものの現われであって、言葉のなかでモノが立ち現れ、モノが立ち現れる現場にお互いが立ち会うのでなければ、言葉はその人に刻まれません。言葉が「伝わらない」というのはいつでもこういう事態を指していて、あなたが「伝える」ことよりも関係性のかたちを味わうことにシフトしない限りは見えてこないこともあるでしょう。

現在、社会一般では言葉を慎重に扱えという機運が高まっていますし、「誰も傷つか

注：『ソクラテスの弁明』プラトン著などを参照。

ない世界」をあらかじめ設計する方向に急速にシフトしていると感じます。私自身もそういう「優しい世界」に惹《ひ》かれているところがあって、例えばBTSのバラエティ番組なんか見ていると、メンバーどうしがわちゃわちゃと楽しんでいて、ときにはちょっと過激なことを言ったりするのに、それでも決して傷つけ合わないどころか、その場でお互いをケアし合う関係が成立していて、こういう価値観っていまの子どもたちにも間違いなく波及しているとひしひしと感じています。そして、そういう優しい世界っていいなあと思います。

BTSの話になったのでついでに言えば、彼らがなぜ世界的に人気を博すようになったかといえば、当然歌とダンスのよさもありますが、何より彼らが新しい時代の優しさを体現していて、それにみんなが心底感動しているからなんですよね。いまの中学生たちも面白くて際どいことを平気で言うのですが、その一方で、ひとりひとりが誰も傷つけない優しい世界の住人感が強くて、人と人の関係が新しいフェーズに入った感じがしています。

ところが、さっきのBTSには別の側面もあって、二〇二〇年の「ON」という楽曲の中で彼らは「痛みを持ってこい！」(Bring the pain!) と繰り返し激しく歌っています。この曲は「狂わないでいるためには狂わなければ」という歌詞にも見られるように、かなり激しい内容を含んでいるのですが、このように「優しい世界」と「痛みを伴う世界」という世界の両面を同時並行で発信し続けてきたことが彼らの魅力です。

このような表現は、世界というのは「優しい世界」という片面だけではどうやっても成り立たないことを示唆していて、「言葉」の世界にもやはり「誰も傷つかない世界」には収まりきれないリアルな「痛みを伴う世界」があります。

言葉を習得することは、その言葉が他人と自分に共通して適用が可能であるという理不尽とも言える要求を呑《の》み込むことであり、つまり言葉を通した認識自体にすでに痛みが伴われています。さらに、「自分の言葉」というのは、他人との緊張関係の中で、他人を理解すること、そして、他人から理解されることがいかに難しいかということを徹底的に味わうことを通じて、つまり、いかに言葉を尽くしてもわかり合えないという絶望的な体験の最中に、言葉が傷跡として体に刻み込まれることによってようやくそれを扱えるようになるということです。

だから、「痛みを持ってこい！」(Bring the pain!) というのは、そういった辛酸を舐《な》め尽くすことが生きることなのだ、その苦痛こそが生きる喜びなのだという鮮烈なメッセージであり、それが「自分の言葉」で生きるための大いなるヒントになります。

現代社会において「言葉は人を傷つけるから慎重に扱わなければならない」というメッセージは重要でしょう。しかし、その呼びかけが往々にして見ずに済まそうとしているのは、**言葉はそれ自体が傷跡であり、私たちは痛みを介さずに自分の言葉を紡ぎ出すことなど到底できないという事実です。**だから、その意味では「誰も傷つかない世界」を目指すなんて虚偽でしかありません。あなたはそのことを踏まえた上で、世の中の「正しさ」に向き合い、自分独特の生き方を見つけてください。

第3章

親からの逃走線を確保する

あなたの人生を阻害する親という存在について

受験直前の時期に三者面談をしていると、「うちの子がもう心配で、心配で……」と本人の前で嘆きを漏らす親は多いです。「全く努力が足りない」とか、「勉強のやり方がわかっていない」とか、わざわざ子どもの自己評価を下げるような声掛けをして、かえって子どもの足を引っ張る親を目の当たりにすることもあり、ほんとに困ったなあと思います。

それにしても、親って自分のことでもないのに何がそんなに心配なんでしょうね？あなた自身よりも親の方がずっとあなたのことを心配しているあの感じって、いったい何なんでしょうか。

親があなたを心配して不安な表情を浮かべているとき、あなたは「心配をかけて悪い」と思うかもしれません。でも、実はそんなとき、**親はあなたのことが心配なんじゃなくて自分のことが心配なんです。自分が不安ならそう言えばいいのに、「あなたのこ**

とが心配」と言いながら、自分の不安をあなたのせいにしているんです。

自分の不安をまき散らす親

子どもの前で見栄《みえ》を張るのは、大人にとって大切な仕事です（大人らしくふるまう大人たちに守られて、あなたは成長してきました）。その効果もあって、あなたの目には、大人は自分よりちゃんと地に足をつけた頼りがいのある存在として映っているかもしれません。でも、実際にはそうでもありません。きっとあなたの想像の何倍も大人は頼りない存在で、自信がないから不安になるし、それを隠したいから自分の不安をあなたのせいにしてしまうのです。

それにしても、いつも隣で心配そうな表情を浮かべている親というのは子どもにとって重い存在です。だって、**あなたを心配することを通して、親はあなたに依存しているんですから。**もし、子どもが思春期に突入してもなお「この子は私がいないとダメ」なんて思っている親がいるとしたら、たいていは勘違いです。そんな親は、むしろ自分の方が子どもに寄りかかってしまっていることに気づくべきでしょう。相手により深く依存しているのは、支えられている側ではなく、支えているという自負を持っている側というのは、ありがちな真実です。

親は良かれと思って、子どものやることなすことに手を出し口をはさみます。これは、子どもに無事でいてほしいと願う愛情表現であると同時に、自分の心の不安を一刻も早く解消して安心したいという親の身勝手さの現れでもあります。親が余計な口出しをしている時にそれを指摘できる別の大人がいればよいのですが、昔と違って家族の中にそういう適当な大人がいないのが現代の家族の大変なところです（かつてはそういうツッコミ役を、同じ屋根の下に住む祖父母や親族が担っていたでしょう）。

また、子どもの不完全さが許せない親の反応は、大人になっても自分の不完全さが認められない未熟さの現れなのですが、そういう親に限って、良かれと思って先回りして子どもが失敗をしないようにお膳立てをしてしまいます。そして、このような親の余計なお世話こそが子どもの成熟を阻害してしまうのです。

親子だけでなく大人どうしの関係でも言えることですが、良かれと思って気を回しすぎる人は、良かれと思うままに他人をコントロールする傾向があります。気を回すことを通して、相手の偶然的な未来をあらかじめ奪ってしまうのです。

他人を尊重するというのは、へたに自分の不安を他人にばらまかないということです。それなのに、良かれと思って積極的にそれをやってしまう人が多いことがいまの時代の醜さです。（感染症に対する人々の不安をあおる報道や、人々の不安が瞬く間にＲＴ〈リツイート〉で拡散されるツイッターなどを思い出していただければわかると思います）。

これと同じ意味で、自分の不安をまき散らすことで子どもを落ち着かなくさせる親、そして、その不安のために子どものいまの現実を飛び越えて自分が良かれと思うことを押しつける親というのは、罪が重いですよ。親は子どもに何ができるって、彼らの人生の邪魔さえしなければ及第点なのですが、それがなかなか難しいようです。

親は真綿で首を絞めるようにあなたの生きる力を奪う

子どもの人生の障害になる親には、実は共通する特徴があります。それは、いつでも「親の期待に応えなければ」と子どもに考えさせてしまう傾向があることです。そういう気遣いをさせてしまう親というのがいちばん厄介なのです。

言うまでもなく、親と子どもは別の人格ですから、子どもが常に親の期待に応えながら生き続けることはできません。それに、万が一できたとしても子どもは自分自身の人生を生きていないわけですから、そんなことを考えさせる親は子どもをがんじがらめにしばりつけて人生を狂わせる危険な存在です。

でも、これを読んでいる人の中には、子どもが親の期待を裏切るのはよくないと考える人もいるでしょう。親がせっかく私のためにいろいろ考えてくれて、仕事とかも家族のためにがんばってくれてるのにかわいそうだし……というふうに。そんなあなたの戸惑った表情が目に浮かぶようです。

あなたはすっかり危ういところにいますよ。あなたは親を失望させることが怖いんですよね？　失望させることは親のやさしさを裏切ることだから怖いのですか？　失望させないことが親の愛情を繋《つな》ぎとめることだと信じているから怖いのですか？　それとも、親がいつも（特に金銭面で）支えてくれているからできるだけ期待に応えなければならないと思っているのですか？

いずれにしても、あなたはもう崖っぷちですよ。あなたはすでに自分独特の生き方を

手放していて、しかもそれに気づかずにいるのですから。

何年も前のことなのに忘れられないのですが、毎日の仕事が忙しすぎる小五のさくらさんのお母さんが、「うちの子、私がいくらかまってあげられなくても、泣いたり甘えたりしないんです。私が仕事で疲れてると、大丈夫？　疲れてるんだね？　と気遣ってくれる優しい子なんです」と泣きながら話しているのを聞いて、私は血の気が引く思いがしました。

その話を聞いたちょうど数日前に、私はさくらさんとおしゃべりをしていました。そのときに、彼女がにこにこしながらまるで面白いことのように話してくれたことが、頭にこびりついて離れなかったのです。

「最近、お母さんが仕事でめちゃくちゃ疲れて帰ってくるから、話しかけてもずっとずっとイライラしてるんです。昨日の夕方、お母さんがまだ家にいないときに偶然お母さんがにっこり笑っている写真を見つけて……。私、お母さんが笑ってる、笑ってる……って言いながら泣いちゃって、あははー」

お母さんがいないときにひとりで泣いたさくらさん、そして、泣いたり甘えたりしないさくらさんを「優しい子」とほめそやすお母さんから話を聞いていると、親はこうして子どもに「お母さんはいま私に何をしてほしいかな?」「どう接してほしいかな?」と考えさせることで、その心を支配するのだということがよくわかります。

さくらさんはただ疲れた親を気遣っているだけのつもりでしょう。親の方だって、優しいさくらさんに感動しているだけで何の悪気もありません。**でも、悪気がないままに子どもから抵抗力を抜き取り、真綿で首を絞めるようにじわじわと子どもの生きる力を奪う、そんな親はとても多いのです。**

さくらさんが親を気遣って声を掛けたとき、彼女は自分の心を思いやるという肝心なことが十分にできていませんでした。そこには、泣いたり甘えたりしたいさくらさんの心を救ってくれる人がいないのです。大好きなお母さんは自分のことで精いっぱいで、さくらさんを救うどころか見殺しにして、しかも、救われない心を宿したままのさくらさんを「優しい子」と持ち上げることでかえって、そこから動けなくするのです。なんて怖ろしいんでしょう。

あなたは今日も親のために我慢し続けていませんか？　そうやって、自分の人生を少しずつ損なわせることで、しまいに破滅してしまったらどうするんですか？　何を大げさなと笑う人は、笑い飛ばしたらいいですよ。でも、もし心あたりがある人がいるなら、早く親を（精神的な意味で）殺してしまったほうがあなたの身のためです。

親はあなたを「別の現実」に巻き込む

「小受」「中受」などのまだ幼い子どもたちの受験をめぐる現場は、その主体が（受験する子ども本人ではなく）親にあるために、親の欲目がいびつな形で表に出やすいところがあります。

小受の勉強で難しいさんすうの問題が解けてうれしくなった年長組のSくんは「さんすう、好きー！」とお母さんに言いました。お母さんもうれしくなって、「解けたのすごいねー　お母さんもうれしー　これからもがんばろうねー！」と言います。そしてSくんは「がんばるー！」と満面の笑みで応えます。

そのわずか一か月後にお母さんがSくんに吐いた言葉は、**「あなた、さんすうが好き**

だからがんばるって言ってたよね？」でした。こうしてSくんの「好き」は死んでしまいました。子どもの「好き」を質に取ることほど残酷なことはないのに、それを平気でやってしまう親はたくさんいるのです。

ある日、Tさんの中受不合格という結果を受けて、お父さんが面談で嘆いていました。「私と妻は娘の主体性を育てようと努力してきたんです。娘の夢を家族みんなで叶《かな》えようって、精いっぱい協力してきたんです。でも、家族の努力は報われませんでした。娘が身につけたのは、家族を騙《だま》すための「学習しているフリ」だったんです……。あの子には失望しました」

Tさんのお父さんは何もわかっていません。夢を言わせたのも、主体性をつぶしたのも、フリをさせたのも、お父さん、あなたですよ。私はそう言ってやりたかったです。

でも、こういうときの子どもって、親が自分に求めた道が間違っていたことを証明するために、ほとんど無意識に親の投資が無駄であったことを裏づけるようなふるまいをしていることがあるんです。これは、親に自分を否定され続けた子どもにとってのギリギリのレジスタンスであり、Tさんはへたに合格しなくてほんとうによかったんですよ。

親は生真面目に渾身《こんしん》の力で子どもの主体性をつぶす存在です。子どもの手を大切に握っているつもりなのに、いつのまにか握りつぶして動けなくする親は、自分の行為を正当化する術《すべ》は持っていても、その力を制御できるほどの冷静さは兼ね備えていません。

あなたの成績は全然上がらないね。うちの子はいつまでも○○ができない。そんなふうに親はあなたのことを否定しがちです。そうやって親があなたの問題点を言い立てるのを聞いて、あなたはそれをそのまま鵜呑《うの》みにしてしまうことはありませんか？

でも、あなたに覚えていてほしいのですが、**親というのは「問題点をでっちあげることで別の現実をつくる」という狡猾《こうかつ》な手口であなたを支配しようとするのです。**

例えば、「あなたの成績が上がらない」「あなたは○○ができない」と言っている親は、九割方あなたの現状が自分の理想に追いついていない（もしくは、自分の趣味に合わない、気に食わない）からそう言うわけです。**つまり、単に親の理想が高すぎるのが問題（または単なる親の趣味の問題）なのに、それをあなた固有の問題点にしてしまうわけですね。**

親に「できない」と指摘されれば、根が素直なあなたは、できない私には問題があるんだ……と考えてしまいます。そうなると、もう親の思うつぼですよ。あなたはすっかり、「あなたには問題がある」という親が設定した思考の枠組みでしか考えられなくなります。**こうして親とあなたの間に別の現実が共有されることになるのです。**

これを親からやられ続けた子どもは、親の斜め上の理想につられる形で、変にプライドだけが高くなります。「別の現実」を内面化した子どもは、すっかりそれを自分の現実として引き受けてしまい、それにまがりなりにも対処しなければならなくなりますから。だから、私がこんな話をしているのを聞いたとしても、そんな子たちに限って「いや、成績が上がらないのはあくまで私の問題だ」と抵抗するかもしれません。だって、その子は親が設定した現実の中で「やればできるはず」「ほんとうはもっとできる子」という可能性にすがって生きてきたのですから。そのまやかしの希望によって、ガラスのようなプライドだけが肥大化したのです。

このように、でっち上げられた別の現実にすっかり染まってしまった後には、もはやもとの現実を見ることはできなくなります。しかし、他人から植え付けられたまやかしの現実を脱ぎ捨てない限り、あなたは救いのない荒野を生き続けることになってしまうのです。

親はあなたから奪い尽くす

いまの親たちのほとんどは子どもに理解があります。無理強いはいけない、子どもの意見を尊重しないといけない、ありのままの子どもを認めてあげようと考えています。あなたの親も多かれ少なかれそういう傾向があるでしょう。実際、親たちがあなたに一方的な義務や禁止の押しつけをすることは、少なくとも表面的にはそれほど多くないはずです。

しかし、彼らは狡猾にも、自分が設定した思考の枠組みにあなたを招き入れることで、あなたが別のしかたで（＊注）思考できないようにします。そして、いったんその状況が

注：筆者が「別のしかた」という語句を用いる時には、千葉雅也（哲学者）の用法が踏まえられています。それは、私なりに言い換えれば、社会規範と距離を取りながら自分独特の方法を見つけることによって、思考の主体性を取り戻す試みのこと。『ツイッター哲学：別のしかたで』（河出文庫）などを参照。

できあがってしまうと、あなたはみずから進んで判断しているのにもかかわらず、いやむしろ、あなたがみずから判断しているからこそ、親は自分の手をいっさい汚すことなく自分の願望を叶えてしまうことがあるのです。

このような枠組みの中で生きることを強いられたあなたは、いつの間にか自分独特の生き方を手放してしまいます。あなたはいまや自分の願望と親の願望の区別がつきません。そして、あなたは人生のどこかで、親の期待通りにできない自分に出くわしてふがいない自分を嘆きます。そして、親に対して済まないと思うようになります。

でも、あなたは済まないなんて思わなくていいんです。こういう負債の意識はあなたの人生をがんじがらめにしてしまいますよ。あなたが自分のことをいちばん理解してくれていると思っている親、だからこそ報いなければならないと思っている親は、実はあなたのことなんて何もわかっていないんです。その証拠に、あなたはみずから進んで親の想像どおりのあなたになろうとするじゃないですか。親がわかったような顔で「あなたはこういう子ね」と言った通りのキャラクターに同化しようとするじゃないですか。あなたは、理解してくれない親に受け入れてもらうために必死です。そのために、あなたは別の自分になることさえ厭《いと》わないのです。

あなたはまだ気づいていないと思いますが、親というのは、心の深いところでは、あなたとの無理心中さえ厭《いと》わないような身勝手な存在なんです。子どもが自分とは別の存在なのだということを頭でしか理解していません。だから、あなたの命と自分の命を一緒くたにして一方的に奪うことに躊躇《ちゅうちょ》がないのです。そんな親の前で、無防備に身を擲《なげう》つあなたはあまりに危うい。だからあなたは、親の身勝手さに震撼《しんかん》しながら、そのぎゅっと抱かれた両腕から確実にすり抜ける方法を見出していかなければならないのです。

親に感謝の気持ちを抱いている人は多いでしょう。親がちゃんと育ててくれたからこそ、あなたはいま無事に生きているわけですから。その意味では、あなたにとって親は文句なしに人生でいちばんの恩人です。だから、世間の方にも基本的には親に感謝するのは当たり前という共通了解があります。最近はあまり行われなくなってきましたが、小学校の「二分の一成人式」で子ども全員に親への感謝の手紙を書かせていた学校の対応なんかを見ていても、少なくとも社会表面上では、親に感謝するのは当然のことだし、それに異を挟むのはおかしいと考えられているようです。

でも、あなたは一方でこうも言うことができるのです。別に私は親に「育てて」なんて頼んでない。私を勝手に産んで、勝手に育てたんでしょ。

親があなたを育てたのは、必ずしもあなたのためではないし、あなたがかわいいからという単純な理由でもありません。**親はあなたを守ることを通して、自分の人生を必死に生き抜いてきたに過ぎません。その意味では、親は確かに自分の都合で勝手にあなたを育てたのです。**人生というのは、人の勝手と勝手がぶつかり合ってその摩擦を味わっていくものであり、それは、親子の間でも他人どうしでも本質的には変わりません。

これは決して親への感謝の気持ちを否定しているわけではないのですが、感謝の比重が高くなりすぎると、それがあなたの人生を左右するほどの負荷になり、身動きが取れなくなることがあります。だから、親があなたを勝手に育てたという視点はバランスを取るためには有効です。

親はいかにして親になったのか

あなたの親は、あなたが生まれたそのときにはまだ十分に親ではありませんでした。**あなたの親を親たらしめたのは、他でもないあなたでした。**

あなたを産んで親になったその人は、壊れそうに小さくて頼りないあなたをしげしげと見つめていました。そして、どこまでもやわらかくて弱々しいあなたは、無防備なまに全身をその人に預けていました。自他境界（*注）のない当時のあなたにとって、あなたを抱きかかえる親は自分そのものであり、世界そのものでした。そんなあなたを見つめながら、親はあなたがわたしの世界そのものだと思いました。明日もこれが続くならば、わたしはもうそれだけでいい、他には何も望まない。そんな気持ちにもなりました。

でも、あなたは親にとってかわいいだけではなく、ときに不気味な存在でした。少し

注：自分と他者を区別する意識的な境界線のこと。

大きくなったあなたは、わたしをじっと見つめて「好き」を全身全霊で伝えてくれます。でも、そんなあなたの無条件の愛が不意に怖ろしくなるのです。見返りのないあなたの眼差しに思わずうろたえてしまうのです。

他に何も望まないと思えるほどかわいいあなた。ときにうろたえてしまうほどわたしを欲しようとするあなた。そんなあなたから見つめられ、欲望されることを通して、あなたを生み育てたその人は、ようやく自分が親であるという実感を深く得るようになりました。

しかし、実感を得たところで、親とあなたの関係がうまくいくとは限りません。**なぜなら、すべての親は子どもをうまく愛せないという病を抱えているからです。**親というのは程度の差こそあれ、あなたにどう接すればよいか、あなたの心をどう扱ったらよいかという肝心なところがよくわかっていないんです。

あなたは親のことを過信していますから、まさか親がわからないのに当てずっぽうで適当なことをやっているなんて、夢にも思わないでしょう。しかし、それが必ずしも悪いわけではないのです。当てずっぽうであっても、言葉には新しい現実を生み出す力がありますから。あなたは親が作った現実の中で、ときに守られながら、ときにコントロールされながら生きてきたわけです。言い換えれば、親に半ば騙されることを通して、わからないなりの言葉の扱い方、態度の示し方、そして人の愛し方を学んできたとも言えます。

親は自分の言葉を手放して親になった

あなたは次第に成長し、自我を持ち始め、ようやく自分の考えらしきものを親の前で披露するようになります。子どもの自我の目覚めに気づいた親は、どこまであなたの手を離して、どこまであなたを守ればよいのかについて葛藤し始めます。

あなたを守ることは、同時にあなたを抑圧することになる。でも、抑圧しすぎると子どもは育たない。だからといって、抑圧しなければわたしは子どもを育てられない……。そうやって延々と逡巡《しゅんじゅん》を繰り返すうちに苦しみのループに巻き込まれ、親はその思考からいっときもあなたを手放すことができなくなります。

こうして親は、世間の波に巻き込まれるうちに親としてのこわばりを身につけていきます。**親たちは親として話すようになると同時に、自分独特の言葉を手放してしまうのです。**

親は「わたしもちゃんとした親でありたい」と望みます。しかし、親はそのとき、あ**なたに対してちゃんとしたいというより、世間に対して恥ずかしくないようにちゃんとしたいと思っているんです。**そしてしまいには、親はほとんど世間そのものとして、あなたの前に立ちはだかるようになります。

親というのは不思議なもので、自分が子ども時代を経験しているにもかかわらず、親になるとなぜか子どものことがわからなくなります。その理由は、このように親としての自我を新しく実装することの代償として、それ以前にあった自分独特の言葉を失うからでしょう。

ちなみに、自分の言葉を持たない大人は、何も親だけではありません。人は何者かになったとたんに、固有の言葉を捨てて、何者かになりきって話そうとするものです。例えば、医者として、教師としてといった具合です。幼い子どもが「ごっこ遊び」をするのと同じ要領ですね。大人社会も基本はごっこ遊びの延長ですから、何者かを実装した瞬間から、誰もが芝居がかった平板な存在になるのです。

こうした言葉を失うことには、実は大人にとって隠されたメリットがあります。それは、自分の実存を深いところで肯定できない大人たちが、自分の問題について考えなくてよくなるということです。例えば、これからは自分の物語を生きるのではなく、子どものサポーターとして生きればよい、○○としての責務を全うすればよい。そのように思うことで、自分を生きるターンから降りることができるのです。

いまや親としての親は、あなたの自由を逐一奪おうとする厄介な存在です。親があなたのために良かれと思って動くたびに、あなたの人生は平板で味気ないものになっていくのですから。

親は、結局のところ、ただ子どもが人の道を踏み外さないようにと願い、子どもの安全と人並みの幸福を願っているだけの存在です。その意味において親は創造性の欠片《かけら》もない単純な生き物です。だから、親が望むように無難に生きようとする限りにおいて、あなたの人生に自由はありません。結局はあなたも世間の波に巻き込まれ、呑《の》み込まれることで、自分の多様な可能性を見失ってしまうわけですから。そして、気づいたときには、せまい世界の中で不平不満を言って鬱憤《うっぷん》を晴らすことしかできないような窮屈な人生を歩んでいくことになるのです。

しかし、ちょっとこれまでの内容を覆すようなことを言いますが、だからといってあなたの人生を邪魔する親、いわゆる毒親が悪いんだとか、私はそんな話をしたいんじゃないんです。そんな単純な話ではありません。あなたはいつもそんなふうに、これはいい、これはダメだとすぐに肯定と否定（または善と悪）の二元論で考えてしまうかもしれませんが、もし、あなたが何事もそんなふうに受け取ってしまうとすれば、それは単なる思考のクセです。そうやって二項対立で考えるのは、物事を単純化して捉える上で好都合ですが、あなたはもっと複雑なことを複雑なままに俯瞰《ふかん》して見る力を身につける必要があります。

主体性が曖昧なまま育つ子どもたち

最近の親は、自分が子どもに対して何をヤラかしているかということに自覚的な人が増えました。その結果、子どもに自分の考えを一方的に押しつけたり、安易に世間の価値観を代弁したりすることを注意深く避ける親が増えました。

　しかし、これは必ずしも歓迎すべきことではありません。なぜなら、親を通して大人の背後に広がる世間の壁にぶつかる経験は、紛れもなく子どもが社会で生きていくために必要なものですから。世間を代弁しない親というのは、社会の現実を見せないという意味で子どもに残酷な仕打ちをしているのにもかかわらず、親も子も互いに気遣い合っているために、それに一向に気づかないという状況が多くなりました。

　本人の主体性を大切にしたいから、本人が嫌なことはやらせない。それは、子どもを守るためにはときに大切なことでしょう。しかし、何事もバランスが肝心で、いくら大切なことでもそれを徹底しすぎるといろんな弊害が生じます。そうやって育てられた子どもの多くが本当に苦労しているんです。

　なぜ苦労してるって当たり前なんですよ。だって、「主体性を大切にしたい」と言う前にそもそも子どもの主体性が育っていないんですから。そんなことを言うなら、親は世間に負けないような別の強烈な価値観に子どもをさらすべきだったんです。自分だけきれいでいようとせずに、自身のぶざまな生き方を通して子どもを徹底的に感化すべきだったんです。

それなしに、いつも先回りして子どもが嫌がることを避けることで偶然的な可能性を奪うなんて、主体性が曖昧《あいまい》なまま育つにきまっているじゃないですか。そんなわけで、中学に入る頃になると、自分がどっちに進めばいいか皆目見当がつかないままに、あり余るエネルギーの行き場をなくして立ち尽くしている子どもが、いまやたくさんいるのです。

子どもに好きなことしかやらせない親の多くは、自分の生活の実質を見ようとしていません。自分が日ごろから、自己や仕事を呪いながら、生活に鬱憤や不満をため込みながら、それでも、そういう否定性を活力にして生きているという事実を見ないで済まそうとしているんです。そういったもっともありふれた人生の矛盾を、知らず知らずのうちに子どもから隠そうとしているんです。

子どもに矛盾を見せないで、「あなただけは好きに生きていきなさい」と潔癖に育てようとするのは、親の身勝手さの現れです。そうやって、自分の代理物としての子どもを使って、自分の人生の矛盾を解消しようとしてもうまくいくわけがないし、子どもにとっては壮大な迷惑でしかありません。

理解のある親はあなたの抵抗力を奪う

このように、最近は子どもに対して余計な干渉をしてはいけないと、親が過度に構えることによる弊害を見ることが多くなりました。「あなたの好きなことをしなさい、あなたの人生なんだから」と子どもに理解を示し続ける「いい親」が増えたことで、かえって問題が複雑になったのです。このような子どもに気を遣う親というのは、あなたにとってかなり厄介な存在です。

なぜかと言えば、理解がある親でありたいという精いっぱいのふるまいの視野の中に、肝心のあなたがいないからです。それなのにあなたは、親は私のことをいつも思ってくれている、大切に尊重してくれていると、親の思いを宝物のように抱え続けます。

でも、そうやってあなたに理解を示し続ける「いい親」こそが、結果的にあなたをいつまでも「いい子」に縛り付けてしまい、あなたの抵抗力を根こそぎ奪ってしまうのです。それは最も優しい子育てのようで最も残酷な子育てなのに、親もあなたもそのことに気づきません。

親子関係に限らず、相手を気遣い配慮することは、相手と共に関係を踏みしめることを不可能にします。親は自分が傷つくことがない安全地帯から、子どもを気遣うことを通して自分を守っているだけなので、そんな親の虚偽にあなたは寂しい思いを募らせて傷ついているのですが、あなたはその事実を受け入れることなく、いい親であると信じ続けることで自分の傷つきを見ないで済まそうとするのです。

現在、「〜したらダメ」みたいな否定語をポジティブなフレーズに言い換えようと提唱する育児本が人気です。このようなリフレーミングがなぜもてはやされるようになったかといえば、親の否定的なコントロールが行き過ぎると、それが子どもの人生を乗っ取ってしまって、ときにめちゃめちゃにしてしまうという反省があるからです。だから、いかに子どもを否定することなく、「自己肯定感」を損なわせずに立派に育て上げるかという点に大きな関心が向かうようになりました。

しかし、少し考えてみればわかることですが、リフレーミングを意識する親は、「私が子どもにこう働きかければ子どもはそうなる」というコントロールの欲望をむき出しにしていますよね。子どもをコントロールしたいからこそ、狡猾なやり口に惹《ひ》かれるわけです。こんなふうに、良かれと思って動く親は、すぐに自分がやっていることの本音を忘れてしまいます。そして、そのツケはきまって子どもが払うことになってしまうのです。

親は否定語を使うことを無理に抑制する必要はありません。だって、親でなくて誰が否定に対して反発することを子どもに教えるんですか。それに、否定語がポジティブに言い換えられるときには、子どもは言い換えられたメッセージと同時に、そのパフォーマンスに含まれる親の作為を読み取るので、結果的に、見当違いの配慮や詐術を学ぶこともあるでしょう。否定語を直接投げかけられたとき以上に、親の身勝手な欲望に勘づいて反発することもあるでしょう。

親はいかにしてあなたに愛を伝えたのか

　このように、世の中のほとんどの親は子どもをコントロールしたいという欲望から逃れることはできません。だからこそ、いくら小手先の技術でそれを回避しようとしても、きまって欲望が回帰してしまいます。

　そして、そのコントロールの仕方はほんとうにえげつないんです。親は「あなたが○○しなければ、私はあなたのことを愛さない」というふるまいによって、あなたの存在のすべてを賭けた愛情を質に取ることで、あなたをコントロールしながら育ててきたのですから。

　そんな中で、あなたは親との関係を通して、自分がやりたくないことをやらされたり、逆にやりたいことをダメだと言われる経験を得ることで自我を目覚めさせ、良くも悪くもあなたの価値観の根幹を形成してきたのです。つまり、あなたの主体性の形成には、親が幾重にも畳み掛ける否定の働きが不可欠だったのです。

　この意味において、親から与えられた否定性は呪いであり、同時に宝でもあります。それによって、ときに存在を危うくされながらも、あなたはあなたになったのですから。

あなたは、親から与えられた否定性を通して、心の輪郭と存在の襞《ひだ》を手に入れたのです。

あなたが日ごろ「これはいいけど、これはダメだな」のように頭の中で何かをジャッジしているとき、その価値判断の端々には、親から与えられた否定性の経験が反映されています。そして自分の中にある幼い頃になじんだ感覚を確かめるように、あなたは人生の中でそれを何度も反復するのです。

否定性の経験が過酷だった場合には、この反復がその人生を苦渋に満ちたものにすることがあります。例えば、私は親に十分に愛されなかったという感覚を持っている人は、恋愛を通して、愛に飢えた感覚を何度も繰り返し味わうことになるでしょう。幼い頃の否定の感覚を別のしかたで昇華できない大人たちは、その感覚を置いておく場所を自分の中に見つけられずに持てあましたままです。だから、気圧が高くなると容器から漏れ出す液体のように、何かの拍子でそれが傷つきの記憶として呼び覚まされて、溢《あふ》れ出してしまうことがあるのです。

このような、親を通した子どもの傷つきのことを書いていると、「自己肯定感を親から得られなかった子どもは大変だ……」なんて話を知った顔でし始める人がいます。ネットでも「自己肯定感は親からのギフト」みたいなツイートが定期的にバズりますから、言葉尻だけでも子どもを肯定してみようと試みる親が多いのですが、肯定するってそういうのじゃなくて、今日は凧《たこ》が風にのってよく飛んだなあみたいな、やってみないとわからないことなんです。やってみないとわからないけど、飛んだらいいなあと思うことなら誰でもできる。その可能性そのものが真に肯定的なことなんです。

「自己肯定感」なんてものは存在しません。なぜなら、人は自分ひとりで自分を肯定することなんてできないからです。むしろ、自分だけではどうしようもないということを潔く受け止めて、世界に身を開いてみることからしか何も始まらないのです。そして、そうでなければ人生の面白みなんてどこにあるのでしょう。

あなたは親に愛されたから愛を知っただけではなく、親があなたをうまく愛せなかったからこそ愛の深さを知りました。愛を渇望し、それに触れてみるということを覚えました。そこに、あなたの人生の秘密があります。

第4章 お金で回る世界

お金という「可能性」がほしい

この前、社会科の授業ときに「お金ほしーいー！　大人になったらオレ絶対に金持ちになるわー！」と中一のTくんが威勢よく言ったので、すかさず「金持ちになって何を買いたいの？」と尋ねてみたのですが、「うーん、えー？　車かなー？　いやー、売ったり貸したりできるから、マンションかなー？　うーん」と最初の勢いのわりに口ごもってしまいました。

彼みたいにわざわざ大勢の前で言うようなことはしないかもしれませんが、きっとあなたもお金がほしいですよね。これを書いている私もやっぱりお金はほしいです。

もし、あなたがTくんと同じことを尋ねられたらどのように答えますか？　あなたはTくんと違って口ごもらずに「○○を買いたい！」と答えられるかもしれません。でも、そう答えたあなたが続けてこう尋ねられたらどうでしょうか。「じゃあ、○○を買えるだけのお金をあげるよ。そうしたらもうお金はいらないよね？」

このとき、あなたは素直に「うん」と言えるでしょうか。「いや、もっとお金がほしい」と思うのではないでしょうか。こう考えてみると、あなたは具体的な何かがほしいからお金がいるというより、単にお金自体をほしがっている自分に気づくのではないでしょうか。

これに関して、Ｔくんはさっき注目すべき返答をしています。「売ったり貸したりできるからマンションかな?」と言ってるんですね。金持ちになって何を買いたいか尋ねたのに、さらに金持ちになるためのモノがほしいと言っている。つまり彼は、さらにお金が欲しいから金持ちになりたいんです。

このように、**お金は具体的なモノを手に入れるための手段だったはずなのに、いつの間にかそれ自体が目的になってしまう。ここにお金の不思議があります。**

あなたの周りにいる大人たちの多くは、生活に必要な最低限のお金だけでなく、少しゆとりがないと困ると思っています。それは、何事も備えがないと不安だからというのが大きいのでしょう。では、なぜ不安なのかをさらに詰めて考えてみると、それは**お金**

が私たちにあらゆるモノを手に入れる可能性を与えてくれる存在だからです。私たちはモノがほしいというよりも、その可能性こそがほしいんです。そして、可能性が足りないと感じられるときに不安になってしまうのです。

モノには所有できる分量に物理的限度があり、一度所有してしまえばある程度満足するものです。**しかし、可能性には限度がありません。**だから、それを求める人たちは、まだ足りない、わずかの差でも多いに越したことはないと、より大きな可能性を手に入れるために、少しでも多くのお金を欲するゾーンに入ってしまうのです。

こうした可能性は、本来的にお金が有している次のような三つの機能に基礎づけられています。それは、**一つめに「価値の保存機能」、二つめに「交換機能」、そして三つめに「価値の尺度機能」**です。すぐに壊れたり腐ったりしてしまうモノに対して、お金は金庫にしまったり銀行に預けたりすることで蓄えることができるし（＝価値の保存機能）、物々交換とは違って、お金さえあれば交換する両者の欲求を一致させることなく交換を成立させることができるし（＝交換機能）、その数量（＝値段）を見るだけでモノの価値の高低がわかる（＝価値の尺度機能）というわけです。これは便利すぎる！

こうやって機能を書き出してみると、お金にはのび太くんをいつでも助けてくれるドラえもんみたいな万能感があります。保存できて交換できるからこそ、お金は時間や空間を超えて僕を助けてくれる。この意味では、タイムマシーンやどこでもドアみたいな機能を持っています。そして、ふだんはただの飾りにしか見えない四次元ポケットの奥には、いざというときに僕を助けてくれる道具がたくさん秘められている。中身はわからないけれど、それはきっと僕に利益をもたらしてくれるに違いない。その可能性にどうしようもなく魅了されるのです。こうして、私たちがモノ以上にお金自体を求める不思議がなんとなく見えてきた気がします。

お金に象られた世界をサバイブする

最近は、ネット環境が整ったことで誰でもビジネスに参入できるようになり、小学生で起業したり、お金を稼ぐチャレンジをやったりする子も増えています。家のパソコン一台でお金の稼ぎ方を覚える子どもたちを面白いなあと思う反面、別に深くやりたいことがあるわけでもないのに、ゲーム的感覚でワンチャンお金を稼げればラッキーというゲーム感覚でやってるのを見ると、お金を稼ぐことが目的になっちゃってるゲームなんてすぐに飽きがくるよ、もっと魂が揺さぶられるような面白いことやって、お金は結果としてついてくるくらいでいいじゃない、と余計な口をはさみたくなります（彼らはそういう「面白さの実感」を発見することも含めて、いま学んでいる最中だとは思うのですが）。

一方、学校でも、将来のために早いうちから稼業を指南しておこうという動きがさかんです。「職業的レリバンス」といって学校教育をその後の職業生活において意義のあるものにすることが求められる風潮にあり、そんな中で「キャリア・パスポート」などの試みが導入されました。小学生のうちから自己観察や定期的な反省を通して段階的に働くことについて考えるとともに、コミュニケーション能力や自己管理能力を磨き、より具体的なキャリアプランニングをしていきましょうというわけです。

しかし、残念ながらこれは愚策です。まず、求める人間像があまりに狭量で貧困です。それに、あらかじめ定まった正解があると勘違いさせることで、不必要に失敗を恐れさせ、そのせいでむしろ自由な成長を妨げる方向に子どもたちを仕向ける気配さえ感じさせるのです。学生時代に必要なのは、失敗を恐れずに試行錯誤と思考実験を繰り返すことであるはずなのに、それを封じるような慎重さを植えつけるなんてどうかしています。

なぜこんなしょうもないことがまかり通ってしまうかといえば、いま、日本の経済がほんとうに行き詰まっているからでしょう。どうしたらいいかわからない大人たちは、いまの日本に世界を席巻するイノベーションが生じないのは教育のせいだということにして、子どものころからちゃんと人生計画を立てさせれば、立派な大人が育って、再びかつての経済的栄光を取り戻すだろうなんて甘い夢を見ているのかもしれません。

いや、実際のところは、もはや国の役人たちはいまの状況に絶望していて、それでもなんとかやった感を出すためにとりあえず逆算して子どもたちに何でもいいからやらせてみようということになっているだけかもしれません。そして、現場の学校の先生たちもこんなことは意味がないとわかっていながらしぶしぶやっている人が大半なので、やればやるほど夢を追うことってなんてつまらないんだということを子どもたちに徹底的に味わわせる結果になっているのでしょう。

あなたは、将来についての具体的なイメージが浮かばなくても何も心配する必要はありません。あなたにとって必要なのは、職業的レリバンスのような得体不明なものではなく、もっと根本的に、お金について、そして資本主義社会についての解像度を高めることです。目に見えるものだけでなく、どんなものでも商品にしようとする資本主義の深い欲望に気づいて、それに抵抗する術《すべ》を身につけることです。なぜなら、抵抗しなければ、あなたの魂もいつの間にか資本主義の欲望に乗っ取られ、自分を見失ってしまうからです。そして、一度そうなってしまうと、夢を見るというのがどういうことかさえわからなくなってしまうのです。

忘れもしませんが、高校一年のころ、ふだんから弁が立つ英語のE先生が、宿題をやってこなかった私に向かって言いました。「トバチン、お前はいま労働力商品としての価値を高めるために勉強してるんだ。そんなことじゃお前には将来買い手がつかないよ。価値を高めて社会を生き抜きたいなら、大人しく勉強をがんばりなさい、トバチンスキイ!」

トバチンスキイというのはE先生が私に付けたあだ名で、先生はロシアの文芸が好きだったので、クラスで悪目立ちする生徒の名前をロシア風に呼んでいたのです。同じクラスにはイシゲーネフ（石毛くん）やナツコーリニコフ（夏子さん）もいました。

私はそのときE先生が言った「労働力商品としての価値を高める」という言い方が、人をモノ扱いするみたいでイヤでした。だから社会に出たくないんだ、社会に出たらそれだけで負けだと思いました。自分が世界と繋《つな》がっている実感を得ることがないままに、資本の力に巻き込まれていつのまにか自分が空洞になってしまうなんて、そんなのはまっぴらだと思いました。空洞になるから、それを埋めようとして大人は高価な時計や車なんかをほしがったりするんだろ。そんなのはつまらないし興味もないと思いました。

その後、私は一度も就職活動をすることなく、大学院時代に自分で事業を始めて現在に至るのですが、いま振り返れば、ロシアに一種の憧れを抱いていたE先生の言葉の中に資本主義への怨言《えんげん》が含まれていたことが理解できるし、仕事を二十年続けてきたことで、資本主義社会の中での自分の立ち位置もようやく見えてきました（やっとのことで少し見えてきたという程度ですが）。

お金というのは価値の量であり、価値の流れです。流れることではじめて意味を持つのがお金です。そして、流れることは、気持ちのよさ（思考の流れのような精神的なもの）と関係しています。ですから問題は、資本主義をどうするか？　とか、お金があれば幸せになれるのか？　とかではなくて、まずは自分が気持ちいいかどうかです。より気持ちよくなることを突き詰めたほうがいいのです。この突き詰め方が足りないせいで、みずから進んで資本主義の生贄《いけにえ》になってしまう人が多いことが問題なのです。

人生は結局お金か、それともお金じゃないか？　たびたびそんな問いが立てられますが、**人生がお金のわけがないじゃないですか。**しかし、**それでありながら、みんなお金がほしいのです。それ以外は何もほしくないのです。**だから、お金がないせいで死を選ぶ人さえいるのです。

世の中に片付くなんてものは殆《ほと》んどありゃしない。いっぺん起こった事はいつまでも続くのさ。ただ色々な形に変わるからひとにも自分にも解らなくなるだけの事さ

夏目漱石『道草』

人生はお金ではないけれど、人生のデコボコはお金によって象《かたど》られます。一見してそうは見えない親類や他人との紛糾やトラブルも、もとをたどればお金の話、お金に付随する欲望の話であることがほんとうに多いのです。でも、それをお金の問題として直接的に語ることを避けたがるから、倫理や道徳、義理や礼節などさまざまな形にすり替わり、他人にも自分にも解らなくなるだけのことなのです。

意味を食べる人たち

日本の産業構造は、戦後の高度経済成長を経て大きく変化しました。終戦直後の日本は、農業従事者が全体の半分近くと最も多く、その後、一九七〇年代から八〇年代にかけては工場などで働く第二次産業従業者が増加した時期もありましたが、令和の日本においては、圧倒的にサービス業に従事する人が多くなり、その割合は労働者全体の約四分の三に上ります。

この背景には、みんなが中学校で習ったとおり、高度経済成長期以降の都市への人口の集中、農村の過疎化や高齢化、さらに工場の海外移転に伴う産業の空洞化や国際分業の進展などがあるわけですが、この産業構造の変化における最大のインパクトは、「物をつくって売る」というほとんど普遍的と思われてきた経済の営みが急激に衰退したことです。「何もつくらない人たち」が巷《ちまた》に溢《あふ》れかえるようになったのです。

かつての日本は慢性的に物が不足していました。空腹を満たすための食べ物だとか、暖を取るための衣服だとか、そういう生きていくのに欠かせない物が十分ではありませんでした。そのような時代に求められるのは、必要な物をつくって売る商売です。物が足りていないのですから、その厳しい状況から脱するために物を生産し、それをたくさん買ってもらうことで、物で満たされる状態をつくる努力をしたのです。

こうして、高度経済成長を経て、物で満たされる社会が到来したのですが、そこには大きな罠《わな》が潜んでいました。それは何かといえば、**物をどれだけ手に入れても満たされない、そのような心的状態に人々が置かれることで経済が回る仕組みがセットされたこと**です。このような状況を想像したときに、ゲーマーのあなたは、どれだけ課金してレベル上げしても満足することがない葛藤を思い出すかもしれません。iPhone ユーザーのあなたは、まだスマホが故障してなくても新しいモデルが出ればそれが欲しくなる現象を思い浮かべるかもしれません。必要な物の種類自体を増やした上で、さらにそれらのモデルチェンジを繰り返すことで、絶え間なく人々の物欲を喚起する仕組みが消費社会の軸に置かれるようになったのです。物で満たされているのに心は満たされない。そんな状況が社会の中で広く作り出されました。

現代は情報社会と呼ばれ、その意味は教科書で「情報が果たす役割が大きくなる社会」と説明されており、産業面においても物としてのハード以上に情報としてのソフトの方が商品としての価値を持つようになりました。しかし、情報社会の本領はそこにあるのではありません。例えば、インスタ映えを狙ってカフェで流行《はや》りのケーキの写真を撮る人たちが求めているのは、ケーキそのものの美味しさ以上に、見栄えのよいケーキの画像を公開してたくさんの「いいね」がつくこと、つまり、自分が買った商品がある一定の効果を発揮し、それが、他者からの承認に繋がることなのです。このように、人の欲望が「物そのもの」から「物に付随する意味（＝情報）」に変化し、それが社会を大きく動かすようになった、そのことを情報社会という言葉は示しています。

しかし問題は、ケーキを食べたらお腹いっぱいになるけれど、意味を食べてもいつまでも空腹は満たされないことです。だから、わずかな差異をめぐるマウント取り合戦はエンドレスで進行します。こうして、満たされなさを抱えるおのおのの人生の退屈が刹那的に埋められていくうちに、「何もつくらない人たち」の人生が消尽《しょうじん》していくのです。

生きのびるための資本論

「おひさしぶりですー」と頭を下げながら、ちょっとおどおどした様子で教室に入ってきたのは直さん。都内にある大学院（経済学部）に通う博士課程一年生で、会うのは二年半ぶりです。

「一郎くんといっしょに来るんじゃなかったっけ？」

「いっちゃん、十五分くらい遅れるらしくて先に来ちゃいました」

直さんは、ストレートの髪が腰まで伸びて随分と印象が変わっていました。時間が経つのはあっという間だな。直さんの変化を見ながらその実感を深めます。

「院では何を専門に学んでるんだっけ？」

「研究テーマは資本主義における生命の包摂です。現代の「あらゆるものを商品にしてしまう」資本主義への批判と絡めて、生命科学や医学による人体の商品化について書いています。最近のジェンダーレス、ダイバーシティの流れの中で、性や身体の多様性さえも商品化されていることをフーコーを援用して批判した上で、でも、最終的には個々の身体の可塑性《かそせい》が商品化を拒むという話をしています」

「可塑性か……。フーコーの生政治《せいせいじ》（＊注）は、たぶん各人の身体を取り巻く欲望が問題になってるからね。面白そう。今度、もしよかったらだけど書いた文章をメールで送ってもらっていい？　その多様性の要素を、いまの歴史観とか金融とか、あらゆる現象との連動として批判的に捉えたら面白いと思うんだけど……」


「あ、いっちゃん、髪の毛ヤバっ」

「遅れましたー！　すみませーん！」

はにかんだ笑顔で教室に入ってきた一郎くんは肩にかかるくらいの茶髪で、冬なのにやたら日焼けしています。会うのは四年ぶりで、長身だった当時よりもさらに背がグンと伸びた気がして思わず見上げてしまいます。小中学校の同級生だった直さんと一郎くんは同じマンション育ちの幼なじみで、ふたりともうちの教室の卒業生です。

「えー、一郎くんまた背が伸びた？」

「先生と会うの、めちゃ久しぶりですもんね。確かに前会ったときよりもっと伸びたかも。オレ、いつまでも成長し続ける成長バカなんで」

いかにもなドヤ顔で一郎くんがそう言うので、直さんと私は思わず笑ってしまいます。

「相変わらず安定してキモいね」

直さんは幼なじみらしく、一郎くんに容赦ありません。

「先生、まだこのビル買収しないんですか？　めちゃ儲《もう》けてるんでしょ」

一郎くん、そういうところ変わってないなあと思いながら私も応じます。

「いや、買収とか考えたことないし、教室をこれ以上広げようとか全く考えてないよ。あと、そんなに儲けてないから。もらったぶんだけ流れていくからね」

「オレ寺子屋に通ってるとき、先生のこと、勉強を教えてくれる先生としてしか見てなかったんですけど、先生って実際、めちゃ経営者やんって気づいたんですよね。自分で仕事をやるようになったら先生のことを全く違う目で見るようになって。だって、おと

注：フーコーはフランスの哲学者。生政治とは、フーコーの概念では人々を身体のレベルで管理下に置くこと。

とい会った糸島の先輩のFさんも先生のこと知ってるって言うんですよ。ヤバっと思って」

「フィリピンのほうはどうなの？」

一郎くんは地元の大学を中退して、海外を二年近く放浪した後、大学時代に知り合った友人たちとフィリピンで英会話学校を起業しました。いまは、日本での「仲間集め」のために帰国していると事前にメールで聞いていました。

「うん、まだまだ安定してませんけど、ちゃんと少しずつ成長してます。先月も、単月で過去最高売上でしたし。最近はとにかく忙しくて死んでますけど」

「軌道に乗り始めるとほんと忙しくなるよね。資本家は人格化された資本（*注）って言うけど、会社やってるといつの間にか巻き込まれるからね、誰よりも自分がその運動に。ブラック企業とかも悪い人がやってるっていうより、資本の運動に巻き込まれた結果という感じがあるよね」

「生産のための生産を促す資本、としての資本家……ですよね」

「オレ、直みたいに勉強できないからよくわかんないですけど、そうなんですかね。オレは、自分のことワルい奴やな〜と思ってやってますよ。自分がやりたいことのためにメンバーに無理を強いてるとこあるなって。もちろん楽しくやってますよ。でも、実際オレたちの会社、日本人よりフィリピン人のスタッフのほうが給料低いですしね。まあでも、それでもお互いウィンウィンなんですよ。一緒にやってるスタッフもここで働く意味がないなと思ったら辞めてしまうと思うんで、そこは自分の仕事ですよ。オレはバカみたいに機動力だけあるのが自分でわかってるので、いまはとにかくチャレンジ、チャレンジです」

「いっちゃんはなんか、人格化された資本としての素質がすごいわ」

注：「資本家としては、彼は単に人格化された資本にすぎない。彼の魂は資本の塊である。しかるに、資本はただ一つの生活衝動を、自己を増殖し剰余価値を創り出す衝動を、その不変部分、生産手段をもって、能《あた》うかぎり多量の剰余運動を吸収しようという衝動をもっている。資本は、ただ生きた労働の吸収によってのみ、吸血鬼のように活気づき、またそれを多く吸収すればするほど、ますます活気づく、死んだ労働である。（マルクス『資本論（二）』岩波文庫。向坂逸郎訳）

「え、意味わかんね」

一郎くんは学生時代と変わらず、人を惹《ひ》きつける明るいパワーを感じさせます。独特の人懐《ひとなつ》こさとズルさが混在している感じが魅力的です。

「一郎くん、自分が気持ちいいほうに流れるように仕事やってるでしょ。その気持ちいい流れとお金の流れがうまく合流したら最強だよね。お前、無謀すぎるだろとか周りに止められても、それでも躊躇《ちゆうちよ》せずに何度でもやってみた人のほうが流れには乗りやすいから。だから素質がすごいと思う。ふつう一郎くんみたいにはなかなか動けないから」

「でも幼なじみとして言わせてもらえば、あんまり調子には乗らないほうがいいと思うわ、いっちゃん。とは言っても、私にはいっちゃんみたいな生き方はできないけど、私バカじゃないから（笑）」

やっぱり、直さんは一郎くんに遠慮がありません。

資本による実質的包摂

「直はそう言うけどさ、やってみてダメだったらそのときに考えればいいじゃん、ってなんでみんなが思わないのかオレはちょっと理解できないよ。お前だってそうじゃん、そんなに賢いのに、なんでもっとチャレンジしてみようとか、好きにやってみようとか思わないわけ？　オレから見たら、自分から進んですごい不自由な生き方を選んでる感じがする」

「私はいっちゃんみたいに自由が楽しいとかいう予感があまりないからね。チャレンジして傷だらけになるのを楽しむ人もいるけど、私はそうじゃない。いっちゃんのことうらやましいとも思うけど……。うーん、でもやっぱり別にうらやましくないわ。私はそんなに動かなくていいし。結局お金なの？　お金稼いで何が楽しいの？　みたいなのもあるのかな。お金稼ぐのが悪いとかいう話じゃないよ。でもそれで何が満たされるのかわからない、ていうかそんなもので満たされていいの？　っていう感じがする」

一郎くんは、少し顔をしかめた後に言います。

「いや〜、お前わかってないな〜。お金で満たされるっていうより、会社って信用なわけ。つまり、信用がお金という数値で現れるのってめちゃ面白いし、それで満たされるのって最高じゃんって話なんだけど」

「私は、人の信用なんかに自分の身をさらしたいとは思わない。これはもう趣味の問題だと思うけど」

「直さんはそれなのに、なんで経済学やってるの？」

二人の話が面白くて、私は思わず口をはさんでしまいます。

「学部を選んだときは、なんとなく選んだつもりでした。将来の仕事に繋がりそうという感じがあって……。親の勧めもあったんですけど……。いっちゃんは知ってるから言いますけど、私の親の会社、一度倒産してるんです。親の会社といっても、祖父の会社をそのまま継いだだけなんですけど。人ってお金で人格が変わるじゃないですか。私はそれを見たのがすごく苦い経験としてあって……。大学で勉強している間に、私はお金で失敗したくない、というか、私をあんなに苦しめてきたのは資本だったんだ、その正体はいったい何だみたいな感じになって、いまもその怨みを晴らすような感じで勉強してるんだと思います」

直さんの動機を知らなかった私は、驚きながら話を聞きました。かつて、彼女の受験前の面談で会ったお父さんやお母さんの顔が浮かびます。

「オレ、バカだからさ、資本ってどういう意味かわからないんだけど。経営のための資金という意味しか知らないけど、直はもっと違う意味で使ってるよね？」

「もちろんその意味もあるけど、**資本っていうのは増えること自体がその存在目的で、その増殖する意思というか、志向性自体を資本って言うの。**いっちゃんはたぶん、お金が増えれば人間は豊かになってハッピーになると考えてるでしょ。でも、そうとは限らないの。豊かになったとすれば、それは波及的な効果でしかないし、むしろ、**資本の増殖が私たちの生活を楽にして豊かにするってふれこみでみんな騙《だま》されてきたの。**例えば、仕事の所要時間を劇的に短縮してくれるはずのパソコンが普及しても、資本っていうのは人間の空いた時間をすべて資本に転化しようとするから、人間はいつまでも楽になれなかった。だから、きっとＡＩもそれだけでは人間を楽にはしてくれないわけ。しかもね、**資本はそれだけじゃ飽き足りなくて、いつの間にか何でもかんでも包摂してしまうの。思考も性も感情も、人の生そのものまで。**だから、実質的包摂（＊注）の意味さえ知らずにそうやって人が巻き込まれていくの見てると無惨だと思うわけ。だから、そういう怨みがないいっちゃんがうらやましい……と私は思ってる」

みずからを生産拠点にする

「わかったようでようわからんけど、それだったら、とりあえず自分がこき使われない側になればよくない？　そういうのに巻き込まれるのがイヤだから、オレは自分で会社やってるんだけど」

「あのね、私は、こき使われるのも、こき使うのもどっちもイヤなの。あと、こき使われない側っていっちゃんみたいな社長のことを言ってるかもしれないけど、そんな単純な話じゃなくて……。資本は資本家さえもこき使うの。私は親がそうやって……」

「いや、だからそこはさ、自分とか周りとかとウィンウィンの関係を探りながらやっていけばいいわけ」

「何、そのウィンウィンって。バカっぽいんだけど」

「だから、オレはバカなんだって。女ってそういうところ、バカになりきれないから使い勝手悪いんだよな」

「またそんなこと言って。女ってとか、使い勝手とか、そういうのほんとにやめたほうがいいよ。マジで引くから。あとね、みんながいっちゃんみたいにバカになったら、ウインウィン以前に世界が滅びるわ」

「それは言えてるかも。あはは」

「そこで笑うな、バカ」

直さんはちょっと呆《あき》れたような表情で、ため息をついています。

「でもオレなんか、やっぱり人生は一度きりだから、とにかく自分が好きなことやればいいじゃんと思うんだけど。じゃないとつまらなくね？」

「あのね、すっごく根っこの話をするけど、いま世間が「つまんない」で充満してるのは、**たぶん、私たちのやることなすことが全部「消費」になってるからなの**。趣味でも社会的活動でもＳＮＳでもなんでも。いっちゃんもそのことがわかってないと、いつの

注：プロイセン（ドイツ）の経済学者マルクスの用語で、人間の労働過程が資本によって丸ごと制御されてしまう状態のこと。

間にか自分だけが楽しいサービスを提供して、世の中につまらなさをバラまいてるだけの虚しい人になるよ」
「いや、オレ、自己満だけじゃイヤだから自分の「楽しい」に人を巻き込むのに全エネルギーを費やしてるよ、いま」

二人の会話が途切れます。一郎くんは天井を凝視したまま、そして直さんは腕を組んで下を向いたまま、考え込んでいます。それにしても、直さんはこの二年で変わりました。彼女がこれほど饒舌《じょうぜつ》にしゃべるのを初めて見たので、私は内心ちょっとした興奮状態でした。そして、一郎くんのほうは、そんな彼女に怖気《おじけ》づくどころか、オレは何でも聞くよという余裕な構えでオープンなマインドを全開にしています。面白い二人です。

「自分の「楽しい」に人を巻き込むのに全エネルギーを費やしてるって言えるって、一郎くんすごいと思う。だって、そういう関係というか、繋がりの中でしか、人生の面白さって生まれてこない気がするから。浪費せずに慎ましく生活するという生き方って、もちろん否定はしないけど、それだけでは何も生み出さないというか、結果的に資本の温存に加担してる感じがするんだよね。結局のところ消費者然としているというか。それよりは、一郎くんみたいに世の中に打って出る、そして自分でつくった場を生かしてお金を回してみるというほうが面白いなと思っちゃう」

「先生ってそういうことを意識しながら経営してきたんですか」

一郎くんがうれしそうな表情で、でも、直さんとしゃべっていたときよりは随分落ち着いた調子で尋ねます。

「いや別に、これいま思いついて言ってることだから。もともとこの教室は大学院に通う学費がないという理由で始めただけだから、最初は志なんて何もなくて。でも、必然というか、やっぱり流れかな、それは大切にしてきたと思う。単位制高校を開いたときも、本屋を始めたときも、そういう流れがきたからそれに乗ったという感じがあるから。この数年は、消費を生み出すことだけに傾注するのではなくて、自分なりの生産拠点を持てたという実感を得て、やっと少し楽になったよ。まあ、結局それも流れでそうなった感じだから、とにかく流れに逆らわなければ、結果的にお金も楽しみもある程度は後からついてくる感覚はあるかもしれない」

「なるほど」

「うーん、そっかー。私はまだ何も生産してないな」

「いや、直さんはいま修論でそれをがんばってるとこなんじゃないの」

「私のはまだ生産とは言えない気がします。必死に原書とにらめっこしながら難解すぎる言葉をなぞっているだけですから」

「なぞってなぞってなぞりまくって、そしていつか、自分の言葉というか、自分の語り方みたいなのが出てきたときに、魂の深いところで面白いなあと思えるんだろうね。直さんと話してるとすごく触発されて、自分ももっと勉強したいと思うよ」

複雑さに耐える

「いやー、それにしても直はなんか、立派になったなー！」

一郎くんはニヤニヤしながら直さんに言います。

「え、いっちゃん、私のことバカにしてる？」

「してないよ。たまにはまんまで受け取ってよ。だって、あからさまにまた頭よくなったじゃん。それよりか先生、オレが世間で勝ち抜くためのアドバイスをなんかくださいよ」

「いっちゃん……」

「うーん、勝ち抜くためねぇ……。それにしても、なんか人生の先輩的立ち位置が居心地悪いなあ」

私はアドバイスを求められると、明快な正解をスラスラと話してあげなくちゃいけないような気がして困ってしまいます。そんな期待には応えられないと思って、口ごもってしまうのです。結局のところいろいろ試してみないとわからないわけで、正解というものがあるとすれば、それぞれが自分なりの仕方を見つけて、その筋をやり続けた結果の反映物でしかないと思うからです。

「うん、先生、確かにいっちゃんいきなり「勝ち抜くため」とか、なに言ってんのって感じですけど、でも、先生は実際に人生の先輩ですから……。いまの賢い大人たちって、先生がそうだってわけじゃないですけど、なんかいかにも深刻そうな顔で「正しいことなんて何もない」とか言いがちじゃないですか。むしろ、正解がないことが正解、みたいな感じで」

うむ？　直さんに脳内を読まれたか？　と内心戸惑いながらも、確かに直さんの指摘はその通りだと思いました。そんな曖昧《あいまい》な大人たちのせいでいろんな副作用が生じているんだろう、それがいまの若い人たちの生き辛さにつながっているだろうと感じたのです。

「価値観の多様化とかいうけど、結局のところ旧来の骨太な価値観が力を失ったせいで一億総根無し草みたいになってるのが現実だから……。そんな中での「正しいことなんて何もない」って、自分のアイデンティティを支えてくれるような価値観を喪失した現状の追認でしかないからね。でも、「正しいことは何もない」って言葉は、実はもっと別の文脈で捉えられるべきで、それは、**世間も人もあなたが思ってるよりずっと複雑だから、「正しさ」に甘んじずにその複雑さに耐えろっていう意味だと思う。**性急に白黒つけようとするから、いつでも簡単に間違えてしまうんだと。そして「困難は分割せよ」（＊注）という言葉もあるけど、そういった工夫を通して、その複雑さの中で解像度を上げる努力をするしかないという話なんだけど」

差異を利用する

「ええっと……」

一郎くんが何か言いたそうです。

「ていうか先生、オレにアドバイスは？」

いつの間にか話が逸れていました。直さんと私は顔を見合わせて笑います。

「うーん、そうだなー。もしひとつだけ一郎くんにアドバイスがあるとすれば、**差異に甘んじないということかな**」

「サイ？」

「いっちゃん、サイは「格差」の「差」に「異なる」の「異」」

「そうそう」

注：フランスの哲学者デカルトが『方法序説』の中で述べた言葉。中学三年の国語教科書に掲載の「握手」（井上ひさし著）に登場するルロイ修道士の言葉としても知られる。

この辺りは直さんの研究課題どまん中です。

「さっきいっちゃんが言ってた、日本人とフィリピンの人の給料に格差をつけるのも差異を利用してるし、この教室に正社員とアルバイトがいるのも差異の活用（直さんは大学時代に著者が運営する教室でアルバイトをしていた）。国と国との間の貿易も、両国の空間的な差異や価値体系の差異を利用してお金を増殖してる。日本企業が、外国で工場を立てて現地の賃金が低い労働者を使って生産するのも同じ論理。資本主義の利潤の源泉は、いつでも差異なの」

「うんうん。日本における戦後の高度経済成長も、最近の中国やインドの急激な経済成長も、農村経済と工場労働の生産性に明確な差異があったから、農村部の過剰人口さえ工場に囲い込めば、その差異でいくらでも儲けが出る仕組みだったわけだよね」

「そうだと思います。いまの先生の話の流れで説明したら、先進国は近年、農村人口がほとんど枯渇したこともあって、利潤エンジンとしての差異が見当たらなくなってる、そのせいで、**差異を意識的に作り出していかなくてはならなくなった**というわけ。だからいま、差異が消滅した場所で何が行われてるかといえば、サービス残業とか、非正規化による人件費カットとか、アウトソーシング（＊注）とか、あとは、キットカットがいつの間にか小さくなってたとか……。労働力商品の価値を無理やり引き下げる試みや、もっとあからさまに商品自体の価値の引き下げが、日本だけでなくグローバルに起こってる。いっちゃんは外国人を雇用してるから、そのあたりは否応なしに意識しながらやってるでしょ？」

「そういうことだったら、確かに意識してるというか、もう、意識しながらやることが仕事だよね。あくまでウィンウィンの関係じゃないとと思ってるけど」

一郎くんは少し考えた後、言葉を付け加えます。

「差異という言葉は、なんか冷たいな」

「そうだよ、差異は冷たいんだよ」

二人の言葉に、私は「でも」と思います。

注：アウトソーシングは業務の一部を外部に発注すること。オンラインで世界とつながる現在、価格体系の異なる外国人労働者に業務を委託することで労働力コストを削減しようとする会社も多い。日本における外国人技能実習生の諸問題も「労働力商品の価値を無理やり引き下げる試み」の一環として捉えることが可能である。

「でも、わたし以外の人がいるというのは、それだけで差異があるということでもある。直さんと一郎くんみたいに。ということは、差異が冷たいというより、単に差異を利用することがそれだけでは冷たいのかもしれない」

「差異を利用すること……」

「うん。直さんのさっきの例を踏まえて言えば、いまってどんな差異でもいいからなんとか見つけ出して、それをどうにか利潤に変えて商品にしようとする競争が繰り広げられているよね」

「いやー、いま、ビジネスで他と差別化するって、すっごい難しいんですよ」

いま自分で会社をやっている一郎くんの言葉には、深い実感が込められています。

「競争してる限り、差別化は難しいだろうね。競争するというのは、みずからレースに参加するということだから、差別化しなくちゃいけない方向に自分から擦り寄ってるわけで」

「うーん」

一郎くんは天井を見上げたまま考え込んでいます。

「いままでにない新しいことをやるイノベーションのあり方というのは、単に時間差を利用した時限的な差異の創出にしかならないことがはっきりとしてきた。だって、技術革新をしても、画期的な商品開発をしても、結局時間が経って追いつかれることで、その価値を失うでしょう？」

「そういうレースをしてる限りは、どうしても消耗戦になっちゃうってことですね。うーん、消耗戦はイヤだなー」

資本主義的価値の内面化

「そうだね。だから、**いまは誰にも真似できないパーソナルな人間の能力こそが代替不可能な差異だという気づきから、その可能性が見出されるようになってる。**その人が他人に与える安心感や内面の柔軟さ、生真面目さや情熱なんかさえも商品になるし、デザインや芸術作品にさえ、人間の生の断片が情報化したみたいなのが初めから含まれてたりするわけで。この意味では、アイドルとか声優とかの「推し」なんかも、まさにそういう人間的なものを売ってる最先端産業だよね。**そして、そういうパーソナルな感情労**

働をうまくこなせる人＝《イコール》「価値がある」となれば、資本主義の価値観をうまく内面化した人間にこそ価値があるということになりかねないし、すでにそういう趨勢《すうせい》になってる。一郎くんは半分自覚がないところですでにそういう労働をやってるし……」

「先生もやってる」

「うん。決してそれだけじゃないけど、そういう部分があるのは否めないと思う」

直さんは、会話を聞きながら少し苦しそうな表情を浮かべていましたが、このとき口を開きます。

「うーん。その反動で、そういうのにうまく乗れない人たち……私とかまさにそうですけど。そんな人たちが、自分は価値がない人間だと下を向いてしまうわけで……。でもこれって、お前こそ資本主義の価値を内面化してるじゃんって自分にツッコミを入れるべきところですよね」

「直さんみたいに内面化が意識できているだけで、全然違うと思うけど」

「確かに、知らないうちにその価値観を内面化した人って、自分はこれくらいの価値しかないって自分を低く見積もってしまうから、結局現状に甘んじてしまうし、雇用主もそれを利用しようとするわけですからね。いっちゃんが言うようにウィンウィンなら表面上はお互いいいかもしれないけど、やりがい搾取って言葉もあるくらいだし、雇う側がウィンウィンって言うのは、結局雇い手の都合になりやすいんじゃない？　っていう気はする」

直さんは、ふと一郎くんのほうを見て「いまの大丈夫だった？」という顔をします。一郎くんの方はニヤニヤしながらしきりに頷《うなず》いています。

「まあね。オレもそうだけど、いまの雇い主って、社員に対して、例えば、指示待ちじゃなく自分で考えて動け、ひとりひとりが起業家精神を持て、何よりもやりがいが大切なんだっていうことをさかんに言うからね。それがクリエイティブにつながると思うから言ってるんだけど。でも、その主体的でフラットな雰囲気が、かえって報酬の格差とかの現実をうまくぼかしていることはあると思う」

「いっちゃんの会社がそうってわけじゃないけど、確かにそういう平等性がかえって自己責任論を招くこともあると思う。皆が公平に、アジェンダ（計画、予定）を共有してプロジェクトを進めました。それなのに成果を上げられなかったのはあなたの責任だ。これではプロジェクトから外されてもしかたがない、というふうに」

差異を手段として扱うな

「うん、確かにね。あとはちょっと話変わるけど、差異を意識して稼ごうとすることって詐欺と紙一重だと思ってて」

「なんかまた先生の怖い話が始まった」

「いや、だってさ、詐欺師ってありもしない差異というか落差みたいなのをでっちあげる稼業でしょう。なんで幸福を呼び寄せる水晶とか壺《つぼ》とかが法外な高い値段で売れるかといえば、幸福と現実の間にすごい落差があるからなわけで。だから、日ごろからサービス業をやっている人間としてはこのことは意識せざるを得ない。いま、いたずらに差異を作り出してないかということをどうしても考えるよ。教育にお金を払う親って子どもの将来に投資をしてるわけだけど、未来のことを考えるってもうそれだけで不安が溢《あふ》れ出すわけ。多くの教育産業はそこに利潤のチャンスを見出してる。つまり、不安を煽《あお》れば煽るほど稼げるというわけ。もちろん、教育を生業《なりわい》にする人たちの多くは、子どもの将来が少しでもよくなりますようにって祈るような気持ちでやってると思う。でも、それにもかかわらず不安という差異を利用しようという誘惑はいつでも側にある。そこには、その人が悪いというよりそういう誘惑を作り出す資本主義が悪いと言いたくなるような構造がある。だから、教育にかかわらずあらゆるサービス業の人はいとも簡単に詐欺行為の片棒を担ぐことになる可能性に気づいていないと資本主義の誘惑に抵抗できない」

「結局のところ、人を手段として扱うな（*注）という話ですよね」

「うん、そして、**差異を手段として扱うな**、という話でもある。いま、人間性にかかわることを含め、あらゆる差異がどんどん手段化、資本化されてる感じがして、それがすごくイヤで。こんなのは絶対にイヤだダメだと言い続けないとヤバいと思ってる」

「うーん」

一郎くんが何かを言いたげにしています。

注：プロイセン（ドイツ）の哲学者カントが『実践理性批判』の中で述べた定言命法の一つ。

「で、先生、そろそろアドバイスください（笑）」

直さんと私は顔を見合わせて笑います。

「あはは。まだしてなかったっけ？　えっと、アドバイスね。えっと、逆説的になるけど、**競争に最も強いのは競争していない人、他人との差異を持て余している人じゃないかな**」

「えーっと、それは個性重視で行けってことですか？」

「うーん、いま世間で使われてる個性って言葉、ここで使うのはなんか違うんだよなー。そういう作り物ではないというか。だって、結局のところ世の中の規範に適《かな》うものしか「個性」って認めてもらえないところがあるから。そうじゃなくて、差異がそのままで人にとって資源なのは間違いないよね。差異がなければ愛さえ生まれないんだから」

「先生、いまちょっと照れてませんか」

「いっちゃん！　**いちいち個性とか言わなくても、差異はすでにあるからその次元で戦えって言ってるの**」

「それぞれに別のやり方があるはずだからね」

人間は資本に包摂される

「で、さっき言ってた資本主義の内面化の話だけど、それが進行していくと、結局のところ、こういう人間が正しいっていういう内面の規律化を生み出していくじゃない？　だって、世間的に当たり障りのない正しい人間のほうが資本的には正解なんだから」

「個性を目指していたはずなのに、結局規律的な正しさのほうに内面を含む人間ごと取り込まれちゃうのが現代……ですよね」

「うん。だから、一郎くん的バカは（ごめん）それに取り込まれない可能性を感じるんだよね」

「ほほう。バカでよかった」

「最近のＳＤＧｓとかダイバーシティの流れだって、間違いなくそういう資本主義の内面化と結びついている。人類みんなでポイント稼ぎを競うみたいに、一斉にそっちに向かっているんだ。そのせいで、こういう動向に反発すると、政治的な正しさに異議を唱えるアブない人みたいなレッテル貼りがされるようにさえなってる。でも違うよ。反発してる人たちは、なんとか人間を守ろうと抵抗してるんだ。それは、矛盾しない正しさを求めることより、ずっと大切だと思う」

「ほほう」

一郎くんはマジメに聞いているのかふざけているのかわからないところがあります。たぶんふざけているんだと思いますが、ふざけながらマジメに聞いていたりするからわかりません。

「やがて、すべてが資本に包摂され、波打ち際の砂のように人間が消えてしまいました……とさ」

「何それ、直？」

「私が書いた修論の最後」


直さんと一郎くんとは、この日、さらに夜更けまで話し込みました。そして二年後のいま、直さんは博士課程で経済学の研究を続け、一郎くんはフィリピンの会社を仲間に譲与し、彼自身は日本に戻って来て、地元で新しい会社を立ち上げたところです。

二人は真逆のようで、それぞれに社会の趨勢に易々《やすやす》と流されない内発的な動機を持っている。私にはそのことがとても頼もしく思えるのです。

第5章

勉強という名のレジスタンス

宿題っていったい何なん?!

「先生、この問題の答え、これで合ってますか?」

夏休みが始まって間もないある日、中二のMくんが「夏の生活　数学」と書かれた問題集の冊子を片手に私のところにやってきました。「えー、なんで答えとか聞いてくるの?　いま解答持ってないの?」「いや、まだ学校から解答もらってないんです。答えを写すやつがいるからという理由で答えもらってないんです」「なにそれ?　見直しやりようがないいやん」

Mくんによると解答は夏休み明けにもらえるという話なのですが、それでは遅すぎます。問題集を解くときには、解くことと並行して解答・解説を見てやり直しをすることが欠かせません。解き直しこそ丁寧に行うべきで、そのためには解いてやり直すまでの範囲は広すぎない方がいいです。解いている途中でわからない問題が出てきたら、ページの途中でも解答・解説が必要になるし、もし順調に進んだとしても一、二ページ解いたら、いったん答え合わせをしてみた方がいいです。

　さらに、問題集と同時に教科書や資料集なども広げて、包括的に見直しをしながらページを進めることで、ようやく自分の弱点の正体が見え始めます。勉強の本番はここからなんです。問題集を全部解いた後にまとめて答え合わせをするなんて、肝心のやり直しが粗雑になるに決まってるし、そのせいで、高い学習効果を求めることは難しくなります。だからこそ、「答えを写すやつがいる」という理由で、生徒に解答を渡さずに適切なタイミングでやり直しをできなくする学校の方針には呆《あき》れてしまいます。

　子どもは大人に信頼されていないと感じると平気で嘘《うそ》をつくようになります。だから、はじめから生徒を信用しない学校の姿勢こそが、やっつけ仕事でとにかく宿題を終わらせることだけに力を注ぐ生徒たちの傾向に拍車をかけるのです。そりゃあ、解答をそのまま写す子はどうしてもいますよ。でも、子どもにダマされるのは教育者にとって勲章みたいなものですから、先生は何度ダマされても信頼し続けたほうがいいにきまっています。

　とにかく、多くの学校の宿題の出し方にはいろいろな問題があって、そのことが学習者の主体性を奪っています。

宿題の初期設定がおかしい

あなたも薄々気づいていると思いますが、そもそも、学年全員、クラス全員に同じ宿題を出すこと自体が初めから無理ゲーなわけで、そのせいで勉強が得意な子は消化試合的に何の張り合いもない課題を埋めるだけになりがちだし、勉強が苦手な子はいつまでもたっても終わらない（どんなにがんばっても解答欄が埋まらない）作業に頭を抱えることになります。

さらに、学校では保護者の「宿題出して！」という声に応えるために宿題を出すことがあり、つまり、宿題を出すこと自体が目的になった宿題というのが多数存在しており、こういう宿題はほとんど無価値なものになりがちです（その最たる例として私が真っ先に思い出すのは、多数の小中学校で出されている国語の教科書の本文をそのまま丸写しして提出させる宿題です）。

このように、学校の宿題はその「出し方」に問題があるわけで、宿題が生徒ひとりひとりにフィットしていないこと、それをがんばろうとする生徒たちに徒労感を与えてしまうことについて、出す側は真剣に考え直さなければなりません。そして、宿題に取り組むあなたは、学校の先生がいつも正しいとは限らず宿題の初期設定がおかしい可能性があることを知った上で、それぞれの宿題と向き合わなければならないのが現状です。

学校では、宿題ができていないと教師に責められるだけでなく評定（内申点）を下げられることさえあります。つまり、宿題を通して生徒はいつも脅しをかけられているわけで、そんな中で学校は平気な顔して「創造性と自主・自律の精神」という教育目標を掲げています。これは、私には甚だしい矛盾としか思えないのですが、学校からすれば自主・自律というのは「こっちがガミガミ言う前に、自分の意思でやれよ」くらいの意味でしかないのでしょう。でも、このような強制力の下で初めて生じる意思はとうてい自律とは言えません。ほんとうに生徒たちが自律したとしたら、彼らが最初にやるのは目の前の宿題を放り投げることかもしれません。

管理社会の中で自主・自律を促すこのようなやり口は、昨今のコロナ禍の中でさかんに不要不急の自粛を呼びかける日本の政治や世間一般にも広く見られました。学校はこのような日本社会の縮図であり、学校の理不尽と同じ構造にあなたは再び社会で出会うことになります。だから今後、理不尽なままにあなたを丸め込もうとするあらゆる勢力に抵抗するためにも、あなたはこうした学校の矛盾したやり口に対して鋭い批判精神を持ち続ける必要があります。

あなたをダメにする大人のコントロール

先日、近所の中学校のある数学の先生が「宿題は教師と生徒の間の契約です。だから契約不履行は許されません」と発言するのを聞いたとき、私は思わず先生の目の前で大きく首をかしげてしまいました。だって、こんなの生徒側からすれば不当契約ですよね。なぜなら、契約というのは双方の合意があって初めて成立するものであり、しかも民法において未成年者は「制限行為能力者」とされていて、契約によって利益を損なうことがないように守られる立場だからです。

大人は一方的に子どもにさまざまな強要をし、なし崩しにそれを認めさせてしまいますが、それを「契約」と呼ぶ大人はかなりタチが悪いです。ちなみに、これは親との間でも生じやすい現象で、親が過去の約束事を持ち出して、また守れないなんて！　とあなたを責める場合、これもたいていが不当契約です。こうして、大人は無理やりに約束を結んだという不当性を隠蔽して、今日もあなたを一方的に責めるかもしれません。だから、そういう大人の手口には十分注意してください。大人はいつでも子どもをコントロールする方法探しに必死なんです。

私が日ごろ宿題をする子どもたちを見ていてヤバいなと思うのは、彼らが宿題を「やらされる」ことを通して「適当にごまかす」術《すべ》を覚えることです。あれがほんとうによくない。

あなたは問題集の答えを丸写ししているとき、自分が全く実りのない作業に時間を費やしていることに気づいていますよね。それを自分に許しているのがヤバいんです。そういうことに免疫をつけると、**人生で面白くないことがあってもとりあえず表面的に「こなす」人間になってしまう。面白くないことに抗《あらが》うことをしなくなるんです。**そして、気づいたときには自分自身が面白くない無難な大人になってしまいます。

あなたが「適当にごまかす」ことを覚えたということは、周りの大人がそれを許してきた、それどころか、間接的に推奨さえしてきたということですよね。それは大人が悪い。でも、大人が悪いからといって巻き込まれるようにそれを自分に許すようになってしまっては、あなたもダメな大人の一人になるだけです。

甘い言葉をささやく大人はあなたを成長させない

学校の宿題にはさまざまな問題点があります。でも、勘違いしないでほしいのですが、ここまでの話は、つまらない宿題なんてやらなくていいというような単純な話ではないですよ。だって、宿題が面白くないのなんて当たり前なのですから。

要はいかに宿題をうまく活用して自分の力を引き上げられるかです。「宿題がイヤだ」と言っているうちは、宿題に主体を乗っ取られています。**宿題に支配されることを断固拒否して、自分のペースの中に巻き込むように宿題ができるようになったとき、あなたはようやく宿題の支配から逃れられます。**

そうやって面白くない宿題に没頭していると、宿題をやった先に面白いことがある予感が閃光《せんこう》のように頭をよぎるんです。その予感に取り憑《つ》かれるように勉強をするときっといいことがありますよ。

　最近は、「宿題が嫌ならやらなくていいんじゃない」と子どもに簡単に言う大人が増えています。でも、子どもに対して「苦しいならやらなくていい」というメッセージを簡単に伝えてしまう大人を信用してはいけません。そういう大人って、学校への批判と宿題の問題をごっちゃにしている場合が多いんです。物事を身につける際に、何も努力しなくてよいというメッセージを子どもに伝えることが良いことであるわけがありません。努力したら報われるかどうかなんて知ったことじゃありませんが、努力したぶんだけ身につくことがあるのは確かで、身につけなければ入口に招いてさえもらえない世界があるのは事実です。

「苦しいことはやらなくていい」という大人は人間をあまりに単純に捉えすぎです。だって苦しいことをやらなければ、人は幸せになれるのですか？　むしろ人はみずから進んで苦しいことをやることで、**自分の人生の輪郭を作っていくところがあるじゃないですか。苦しいことが全くない人生なんて実は誰も望んでいません。**

　このことを認識することは、他者をほんとうの意味で尊重する上でとても大切で、

「勉強が苦しいならやらなくていい」と子どもに言う大人は、実は子どもの人生をひとつの作品のようにきれいに仕上げたいと思っているのかもしれません。こういう自分の理想の生き方をあなたに肩代わりしてもらおうとする人は要注意です。

だから、あなたの耳元で「好きなことだけしたらいいよ」という大人がいたら、そんな人のことは信用せずに今日あなたができることを着実にやっていきましょう。だって、あなたの好きなことには必ず、嫌いなこと、辛いことが混じっているのですから。

「成績が伸びない」は本当か？

「成績が伸びない」と相談に来る生徒は多いです。そのたびに私はそんなはずはないと思いながら、「なぜそう思うの？」と尋ねます。そんなはずはないと思うのは、努力を続けているのに成績が伸びない子を、私はこの二十年間でたった一人も見たことがないからです。

確かに要領よく勉強できる子とそうでない子がいて、誰もが時間に比例して伸びるわけではありません。でも、やったらやったぶんだけの最低限の成果は誰だって出ますよ。でも、最低限の成果くらいではなかなか満足いかないのが人間の性《さが》なのでしょう。相談に来た子には勉強のやり方の改善点などをさんざん話したあげく、最後にはいつも、もっと勉強量を増やして身につくまでやるしかないよ、要は入出力のループをできるだけたくさん繰り返すしかないんだから、という当たり前の話になりがちです。

「成績が伸びない」というのは「現状の成績に満足できない」ことの言い換えであって、

決して実際に成績が伸びていないわけではありません。だから、成績が伸びない不思議を考えたところで謎が解けるわけがないので、それよりも「成績が伸びない」と見立てたがる自分の欲望について考えてみた方がいいです。その見立てはどこかで歪《ゆが》んでしまっているんですよ。

もしあなたが他人と比較して「成績が伸びない」と言っているとしたら、あなたは「伸びるはずの成績が伸びない」と思うことで自分が他人と肩を並べられる可能性を必死に担保しようとしているんです。そうやって可能性を繋《つな》ぎとめることで新しい現実を招き入れようとしているのでしょう。

ただしこうした仮想はあなたを甘やかしてしまう装置なので、その点は注意してください。そんなふうに現実を歪めて自分の都合のいいように見ることに慣れてしまうと、それがいつの間にか身についてクセになり、あなたの人生がまるごとフェイクになってしまうかもしれません。実際にそういう人生を択《えら》び取っている人はたくさんいます。

自分の不満を子どものせいにする親

先日、中二の妙子《たえこ》さんのお母さんから電話がかかってきました。

「妙子は毎日最低二時間、机に向かって勉強しているのに、全然成績が伸びないんです。勉強のやり方がわかっていないと思うので、先生、妙子にアドバイスをしてもらえませんか」

このように、親は子ども自身よりはるかに「(うちの子は)成績が伸びない」という言葉を口にします。本人は必ずしも成績が伸びていないとは感じていないのに、親から「あんたは成績が伸びない」と言われて初めて子どもがそれを意識し始めることさえあります。

でも親の「子どもの成績が伸びない」という認識は、彼らがどこかのタイミングで子どもの現実の受容を誤ったせいで生じる現象だと私は思っています。だから親がこう言い始めたときに、私はすぐに同調するわけにはいかないし、いかに親と子が現状認識の歪みを改善できるかということを真っ先に考えます。

あなたに覚えておいてほしいのですが、**親の子どもに対する悩みのほとんどが「子ど**

もの現状が受け入れられない」という叫びの言い換えにすぎません。だから、親が「子どもの成績が伸びない」と言っているとき、それはあなたの成績が悪いことではなく、あなたの成績が自分の理想に追いついていないことを嘆いているのです。この差は大きいですよ。そして、そういう私的な嘆きを正直に吐き出すのは体裁が悪いから、それを「子どもの成績が伸びない」という言葉に置き換えて、自分の不満をあなたに擦《なす》りつけようとしているんです。

あなたはもうすっかり騙《だま》されていますよ。親の高望みに付き合う必要なんてなかったはずなのに、いつの間にかあなたは「私は学力不振だ」と思わされてしまっている。あなたの現状をそのまま見たら別に良くも悪くもなくて、ただあなたはあなたのペースで勉強をして、その努力に相応した結果が出ているだけなのに、その結果が「悪い」と思わされている。でもそれは、もとはあなたの現状認識ではなかったはずです。あなたが外部から譲り受けた価値判断なんです。高望みしている自分を直視できない親、理想を押しつける大人のせいで、あなたはすっかり「成績が伸びない私」というストーリーを内面化してしまいました。

親は多かれ少なかれ子どもに暴力を行使する存在です。でも、それは単に義務や禁止を課す形で子どもに与えられるのではありません。親は子どもの心身を包囲し、子どもが別のしかたで思考ができないようにすることで子どもを手中に収めます。その上で、その権力を子ども自身の意思によって、子ども自身を通して貫こうとするのです。こうして、子どもはまるで自身の欲望を叶《かな》えようと行為するかのごとくに、親の願望を叶えてしまいます。「成績が伸びない私」を内面化したあなたは、すでに親の思う壺《つぼ》にはまっているのですから、まずはそのことに気づいて大人による主体の乗っ取りから自分を守ってください。あなたが自律して判断し、行動できるようになるのはそれからです。

大人のストーリーに巻き込まれる子どもたち

先ほど私は「ストーリー」という言葉を使いましたが、人は誰もが自分の欲求に適《かな》ったストーリーを頭の中で練り上げることで生き延びようとするところがあります。そうやって自分にとっての現実を少しでも違ったものにしようとしているんですね。こんなふうに自分の穴ぼこを仮にも埋めようと四苦八苦することを通して、人間のどうしようもなさや人生のおもしろみがぎゅっと絞り出されることがあり、それは多くの芸術や文学作品の主題になってきました。

でも問題なのは、親がたびたび自己本位なストーリーに子どもを巻き込むことです。そしてあなたたちがそれに巻き込まれていることに気づかずに、そのせいで傷つけられていることもわからないままに、自分が悪いと思い込んでしまうことです。そうすると厄介なことがいろいろと起きるんですね。

先にも見たように、親が「子どもの成績が伸びない」と嘆くときには、「伸びない」という見立てにみずからの偏見と欲目が多分に含まれていることを見ないままに、子どもに嘆息を投げつけているわけです。そうやって、いつも子どもを高く見積もろうとする親が「うちの子は自信がない」「自己肯定感が足りない」と言うのを聞くと、自分が地獄の脚本を書いてることにまず気づけよと、私なんかは思うわけです。

現在の日本では、十歳から十九歳の死因の一位が自殺で（厚生労働省 令和二年（二〇二〇年）「人口動態統計月報年計（概数）の概況」より）、しかも自殺した理由の上位を「学業不振」「その他進路に関する悩み」の二つが占めています（文部科学省 令和二年二月十五日「コロナ禍における児童生徒の自殺等に関する現状」より)。

子どもが学業や進路で悩むのは周囲の大人の影響抜きでは考えられないことを踏まえると、「子どもが自殺するなんてかわいそう」なんて他人事《ひとごと》を言っているわけにはいかないと子どもに関わる一人の大人として思います。今日も子どもを殺しにかかっている大人たちにどうしてもそれに気づいてもらわないといけない、そう思うわけです(だから、この話を子どものみんなだけでなく大人たちにも読んでもらいたいです)。

あなたたちはどうにかして大人たちが描くストーリーから離れて、自分なりの価値基準で現状認識ができるようにならなくてはいけません。自分をメタで見る視点を手に入れなくてはいけません。この本もそのためのヒントを書いたものです。

厄介なのは、大人のストーリーが必ずしも子どもを直接に傷つける方向にいくとは限らない点です。例えば、さっきの妙子さんの場合は、お母さんが妙子さんにめちゃくちゃ同情的なんですね。こんなに毎日がんばってるのにかわいそう、かわいそうって、もういまにも彼女を抱きしめて泣き出しそうな感じで話すわけです。

私にはそれがとても意外なことに思えて、なぜかというと、妙子さんは学年の中でも宿題をほとんどやってこない生徒のリスト最上位の子だったんです。授業中の理解力が高くて数学が得意な子だったのですが、せっかく理解して解けるようになった数学の問題も、家で復習しないから次の授業のときには解き方を忘れているし、英単語を覚えるのも短時間で器用にこなせる子なのに、小テストではいつも百点中、二十点前後しかとれません。つまり、私から見た彼女は全くといっていいほど家庭学習をしていない子だったのです。でも、お母さんは「妙子はすごくがんばってる」と言う。とても不思議だなと思いました。

話を詳しく聞いていくと、彼女は毎日最低二時間はぶっ続けで自分の部屋で黙々と勉強しているそうなんですが、たまにスマホの誘惑に負けるそうなんですね。彼女が毎日やっているのは、LINEとインスタ、さらにTikTokとYouTubeの動画を見ることで、さらに週に数日はゲームで繋がってる友達とチャットをするそうなんです。いやそれ、たまに誘惑に負けるというより、むしろ誘惑に負けてしかいないだろ、と思ったのですが、根拠のないことは言うまいと思い、黙って話を聞いていました。

話を聞けば聞くほど、私には目の前にいる親子が「がんばっているけど成績が伸びない」という気持ちのいいストーリーに浸ったまま、「勉強のやり方がわかってないので、教えてください」と言っているようにしか思えなくなりました。つまり、「成績が伸びない」のを環境（学校や塾など）のせいにすることで、親子でできるだけ心地よい場所にいようとしているようにしか感じられなかったんです。妙子さんはこうやってずっとお母さんに守られてきたんだなと思いました。

この作戦は、親と子が幻想に浸ったままいつまでも気持ちがいい点ではよいのかもしれませんが、妙子さんの学力をほんとうに伸ばすという意味では残念ながら大失敗です。なぜなら、妙子さんはどこまでも他人のせいにすることを許されているせいで、いつまでたってもなりふり構わず自分の力でやってみることができないからです。

結局のところ、お母さんは妙子さんを守ることを通して、彼女の学力が伸びることをみずからの手で封じているわけです。そして、お母さんが本人を通して望んでいることは、実はそれなんですよ。自分と同じように生きてほしいという秘められた本音が「成績を伸ばしてほしい」という表向きのメッセージとは矛盾する形で表出しているんです。ちょっと怖ろしくないですか。

妙子さんのお母さんもそうですが、**子どもにいつも他人に依存するように教え、そのことを通して、本人の伸びる力を根こそぎ奪ってしまう親がいます。**勉強にすぐ行き詰まる子どもと親は、教えてもらうことが勉強だとすっかり勘違いしてしまっていることが多いのです。でも、教えてもらえるのはあくまで入口だけです。そりゃもちろん、入口がスムーズな方が入りやすいですよ。でも、入った後は自分でやるんですよ。自分でしか前に進めないんです。「馬を水辺に連れていくことはできても、水を飲ませることはできない」ということわざは、この意味で捉えられるべきです。

当たり前のことなのに、勉強を受け身で与えられ続けているからそんなこともわからなくなってしまう。学校や塾に「うちの子は勉強のやり方がわかっていない」と訴える親、授業でさんざん具体的なやり方を教わった直後に「勉強のやり方がわかりません」と相談に来る子どもは、自分で試してみるという努力をする前に、他人になんとかしてもらいたいと思っています。その時点で致命的にアウトなのに、それがどうしても伝わらないことがあります。これは勉強に限らず、生き方に関わってくる話です。こうやって、**自分の足で立つことを知らず知らずのうちに自分で手放している人がいるのです。**

親はおそらく自身がそうやって生きてきたから、子どもに対しても同じようにするのだと思うのですが、こんなふうに、親が良かれと思って子どもに掛ける言葉の端々に、親の生き方がそのまま反映され、それが確実に子どもの人生を左右しているのを目にするたびに、親と子の切っても切れない紐帯《ちゅうたい》の強さについて考えずにはおれません。

「成績が伸びない」と思っているあなたは、親をはじめとする周囲に左右されずに自分で思考できる軸を別に持つ必要があります。成績が伸びていないかどうかは、あなた自身で判断しなければなりません。そして、そのためには、ひとつの模試の結果に一喜一憂しすぎないようにしてください。

「成績が伸びない」あなたへ

私たちは、勉強の成果は努力に比例して右肩上がりに出るとイメージしがちですが

【図1】、実際に成績が伸びるときの認識はこれと異なっています。成績が上昇するためにはある程度の溜めが必要で、学力がある閾値《いきち》に達したときに、それが成績上昇という形になって現れます。そして、その上昇が模試の結果などで目に見える形になったときに初めて「成績が上がった」と認識できます。だから、実際の成績上昇は、ふつう階段状のものとして認識されます【図2】。

だから、ちっとも成績が上がっていないように思える辛抱の時期（階段の平らな時期）に「成績が伸びないいね」と声を掛けてくる親（や周囲の大人）は、あなたに呪いの言葉をかける邪魔者でしかないので聞く耳を持たないようにしましょう。**勉強することの大きな意味のひとつは、それを通して子どもが親の思考の影響から距離を取ることができる点にあります。**そういう意味で、親の言葉一つに影響を受けすぎるあなたはつくづく勉強が足りないんです。

あなたは勉強が苦しいですか？　苦しいのは「成績が伸びない」からですか？　「成績が伸びない」なんて余計なことで悩んでいるあなたは、単にいま自分の勉強の方向性が見えずに自信を失っている状態かもしれません。そんなあなたは、いますぐに信頼で

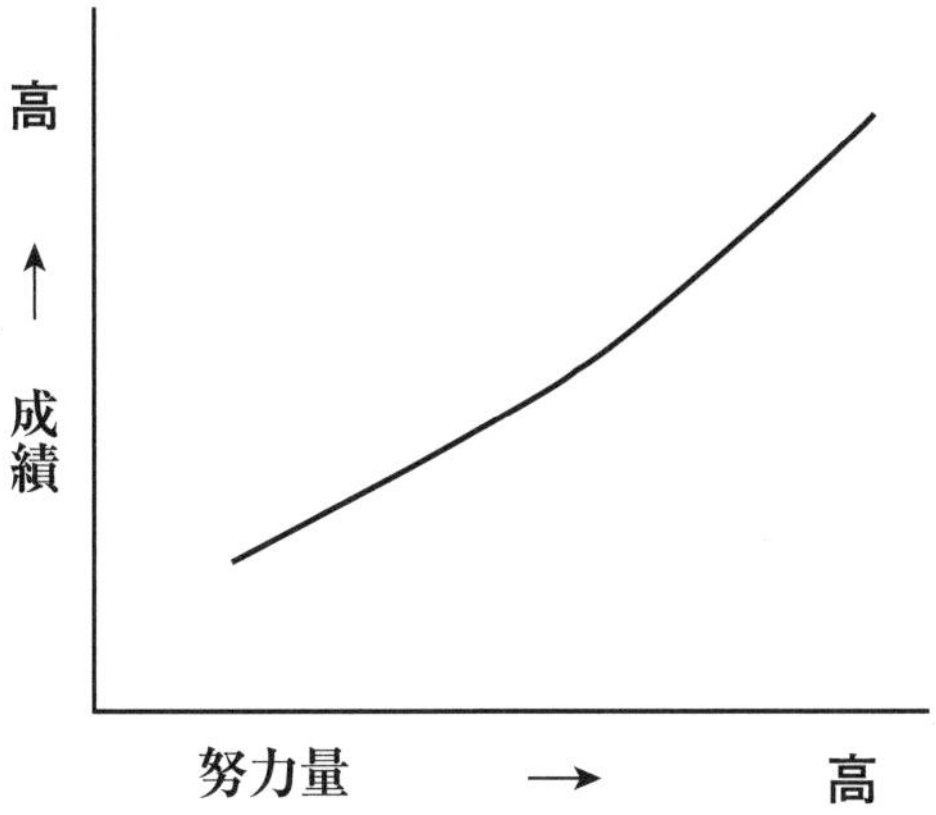

【図1】　成績上昇のもとのイメージ

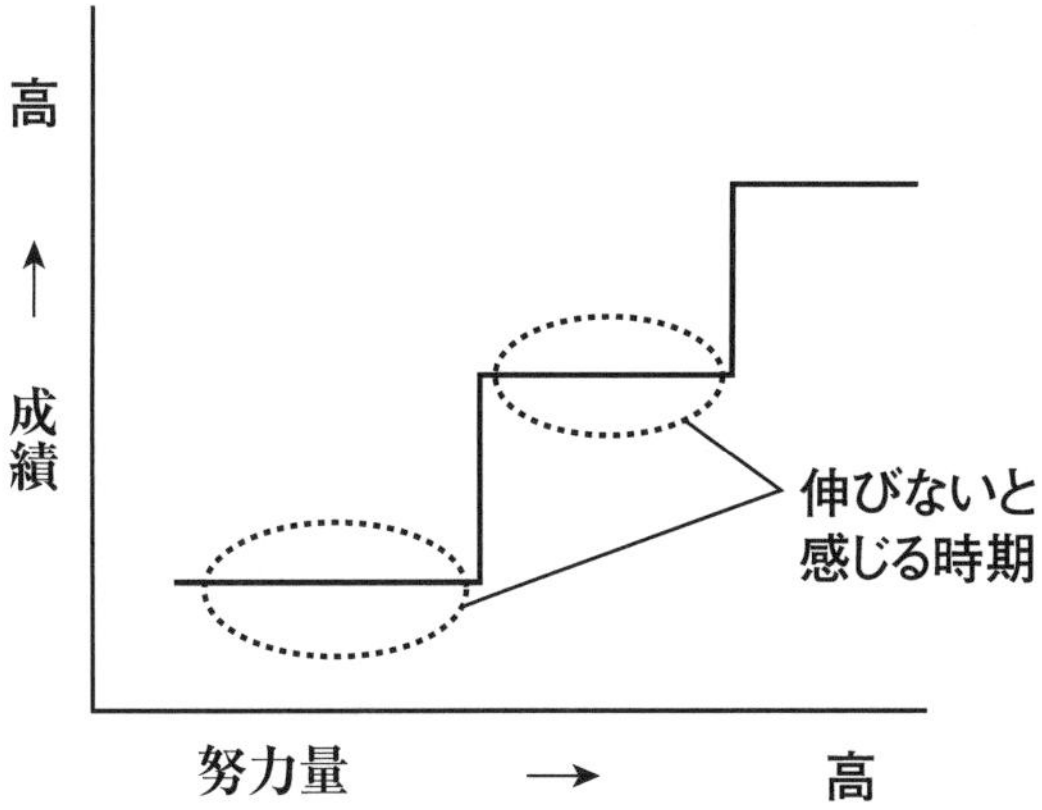

【図2】　実際の成績上昇を脳はこう認識する

きる師をちゃんと見つけるべきです。学校の教師でも塾の講師でも、ユーチューバーでも市販のテキストでもいい。「お前は何もわかっていないのだ」と囁《ささや》く目の前の師に徹底的に追従して、私もあなたのようにわかるようになりたいと希求する、それを続けることが勉強するということです。「勉強のやり方がわからない」という言葉が口を衝《つ》いて出るのは「私は何も信じられない」と言っているのと同じで、そんなことだからいつまでも力をつけることができないのです。指導者の頭の中や参考書の中身をコピーするくらいに徹底的に覚えること、解像度を高め理解し尽くすこと、思考回路さえも真似すること、そういったことがとても大切です。

あなたが「成績」なんてものに振り回されている限りはたいした勉強はできません。成績はよく当たる占いくらいに考えて、それとは別の現実を味わいながら勉強を進めていきましょう。

あなたは何のために勉強するのか

子どもたちに勉強を教える仕事をしていると、毎年必ず数回は尋ねられるのが、「なぜ勉強しなくちゃいけないの？」という質問です。これを読んでいるあなたも、例えば宿題をしぶしぶやっている最中に、そもそもなぜこんなに苦労して勉強なんかしなくちゃいけないんだろう？　と考えたことがあるのではないでしょうか。

私は先日「何のために勉強するの？」と中三のNさんに尋ねられたとき、私は「なぜそんな疑問を持ったの？」と逆に彼女に尋ねてみました。するとNさんは、「勉強がめんどうくさい」「将来何の役に立つのかわからない。勉強をやる意味がわからないのにがんばれない」と思いつめたような表情で答えました。こんな風に考えるNさんは、勉強というのは自分の意思でしっかりやっていかなければならないものだという意識を大人からすっかり植えつけられてしまっているのでしょう。でも、少し冷静に考えてみたいのですが、子どもが自発的に目的意識をもって勉強するようになるなんて、そんな都合のいい話がほんとうにあるのでしょうか。そんな設定は、大人が勝手に描いた夢物語に過ぎないのではないでしょうか。そして、そのせいで勉強をやりそこなった意識を多くの子どもたちが持つようになるのではないでしょうか。子どもが「何のために勉強するの？」と口に出したときには、彼らはすでに勉強に出会い損ねているのです。

大人はすぐにあなたの「やる気」を問題にします。「やる気」がないあなたが悪いと、勉強をしないあなたの責任を問います。すでにあなたの意思が傷ついてしまっているのは、あなたのせいというより、学校や家族や友人関係といったあなたの環境に依存しているのに、「やる気」という言葉はその原因をあなただけに擦りつけようとするのです。**でも、あなたはいま、たまたまやる気がない「状態」なだけで、決してやる気がない人ではありません。**そのことを自分で勘違いしないでください。

あなたは、これまでに日常生活のさまざまな場面で不思議を呼び覚まされる経験をしてきました。例えば、ティッシュを一枚抜き取ったらまたもう一枚出てくる。これだけのことにも神秘が潜んでいて、遠い昔にあなたはそのことをなぜだろうと思ったかもしれません。ここには勉強の種が間違いなくあったのですが、あなたはそれを育てる前に、形だけの「関心・意欲」（＊注）を大人から植え付けられてしまったのかもしれません。勉強という手段が目的に変わった時点で死んでいるのに、そのことがわからない大人から良かれと思って押しつけられてしまったのかもしれません。誰もあなたの中にあったその種を大切に育ててくれなかった。そのせいでついに実を結ばなかった。だからあなたは、「何のために勉強するの？」という問いの前で身体を固くしてしまうのかもしれません。

いきなりこんなことを言うとびっくりするかもしれませんが、実は勉強をしなければならないというのは嘘なんです。勉強をほとんどしないままに大人になり、それでも何の問題もなく生きている大人はたくさんいます。だから、勉強をすることは大人として生きていくための絶対条件ではありません。

あなたが「なぜ勉強しなくちゃいけないの？」と大人に尋ねたときに、その人が口ご

注：「関心・意欲」は主体的に学習に取り組む態度を評価する学校の内申制度における主要項目のひとつ。

もったり、納得のいかない適当な答えを返したりするのは、勉強が必ずしも生きるための条件ではないことを知っているからであり、勉強をそれなりにやってきた大人さえ、自分がなぜ勉強をしてきたのか、それがいまの自分の生活にどのような影響を及ぼしているか、いまいちわかっていないからです。あんなに勉強をあなたに押しつける大人たちが、実は勉強のことがよくわかっていないなんて驚きですよね。

ただし、ちょっとだけ大人たちの弁護をしておくと、わからないからってそれが必ずしも彼らに非があることを意味しません。なぜなら、わからないのは当たり前だからです。私たちの行動のひとつひとつ、例えば、友人にメールを送る、部活動で話し合いをする、ウェブ漫画を読む、料理する、横断歩道を渡る、人のさりげない一言に笑う、映画を見てふと泣きそうになる……といったあらゆる行動の中には、間違いなくこれまでの人生のさまざまな学習効果が反映されているはずなのですが、それをワン・ツー・ワン方式で、あのときのあれがいまのこの行動の役に立ったなどと言えるほど、人間の認知は単純じゃないんです。それはあまりにも複雑すぎて説明し尽くせないというだけで、私たちのいまはいつでも過去の学習が反映された現象として立ち現れます。

ですから、「何のために勉強するの？」という質問に答えるのは意外と簡単なことではないのです。漢字を覚えていたから文章を書くときに困らなくてよかった、英語が外国で役に立った、だから勉強するべきだよなんて具体的な話をする大人もいるかもしれませんが、こういう話は勉強の実利だけに着目した表層的なもので、勉強する意味を一パーセントも表現していません。勉強する理由はそんなに単純に片づかないものです。

人の役に立つための勉強

先月、ある中学校の道徳の時間に「何のために勉強するの？」という議論が行われ、そのときに出た結論が「人の役に立つため」というものだったそうです。法律や政治、医療や介護、さらに衣食住や身の回りの道具や機械まで、私たちの暮らしの中にあるすべてのものが、過去の人間による勉強の蓄積によってできている。だから、勉強というのは「人の役に立つ」ためにするから意味があるのだ。そういう意見を中心に話がまとまったそうです。

このような考えは、現在、政府主導で進んでいる実学重視の教育方針と一致する方向性を持っていて、勉強をする理由としてはこれ以上のものはないように思えます。しかし、私の考えでは、「人の役に立つため」に勉強をするようでは志が低いんです。

なぜなら、**「人の役に立つため」というゴール設定は、知らず知らずのうちに未来の可能性を封じてしまうからです。**科学技術の歴史を振り返ってみればわかりますが、人間が生きる地層を変化させるような発明のほとんどは「人の役に立つため」という動機で生まれていません。そうではなく、世界の秘密を探求する営みの中でたまたま発見されたことが、応用的に人の役に立つことに利用されるようになったのです。

つまり、人の想像力なんてたかが知れていて、現実世界では人の想像をはるかに超える偶然的なできごとが起こる。そこに秘められた爆発的な力をうまく利用することで、人は世界を改変してきたのです。

「人の役に立つため」という限定された目標設定では、偶然との出会いは生まれず、スタートの時点で未来の可能性をつぶしてしまいます。この意味において、いまの学校では偶然の芽が育ちにくい教育が行われているし、大学の専門学校化はますますその傾向を強めています。

勉強で自己が変容する

これまでの話をまとめると、「何のために勉強するの？」の唯一の答えは、「勉強をしなければならないという理屈はない、必ずしも勉強なんてしなくていい、しなくても生きていける」ということになります。しかし、それでも勉強をすることに自分なりの意味を持たせようとする人がいるとすれば、その条件は、あなたが勉強を通して自分自身が変化することを発見し、それに伴って世界の受容のしかたが変わること、さらにそのことで、あなたを取り巻く人やモノとの関係性さえも変わることを許容できるかということにかかっています。

私は大学を二年も留年して、同期より随分遅れて大学院に進学しました。入学式の二日後に届いた伯母からの入学祝いには、丁寧な文字で綴られた直筆の手紙が添えられていました。その中に「あまり頭でっかちにならないでね」というフレーズがあり、私はそれを読んだときに、何とも収まりのつかない複雑な気持ちが溢《あふ》れ出してきました。涙が出て止まらなくなりました。大学院に入る半年前に、人生で初めて勉強したいと思える学びに出会った私は、日々勉強することで自分が変容していることを自覚していました。そして、必死にそのことを受け入れようとしていたし、それが近しい人たちにとって必ずしも歓迎すべきことではないことも頭の隅でわかっていたと思うのです。

勉強することの大きな意味のひとつは、それを通してあなたが親をはじめとする身近な大人の思考の影響から距離を取ることができる点です。考えてみてほしいのですが、あなたがいま使っている言葉の中にはあなた独自のものはありません。あなたは、親をはじめとする周囲の大人たちが使う言葉を吸収しながら、その言葉を通して自分の思考らしきものを作ってきたのです。一方で、勉強するというのは、あなたが育った日常の中にはなかった言葉と概念を次第に知っていくことです。そのことを通して、あなたは新たな思考のための手札を得て、親密な人たちと共にしてきた世界から自分の人生が切り離されていくことを感じます。

この意味で、親は「勉強しなさい」とは言うものの、子どもにほんとうに深く勉強してほしいわけではありません。子どもが自分を変容させてしまうような出会いとしての勉強に励むことを歓迎しているわけでは決してありません。なぜなら、子どもが目の届く範囲から外れてしまうことは、親にとって不安で寂しいことだからです。

その意味で、「勉強しなさい」と子どもに言い続ける親は、自分自身が抱く漠然とした将来への不安を子どもに投げかけているに過ぎません。彼らが子どもに望む勉強の成果は、いつ使えるかわからない世渡りパス券くらいの意味であり、勉強ができるほうがきっと社会的ステータスが上がるだろうというような将来の不安を損得勘定で解消しようとする思考がその土台にあります。

勉強を通して自由を手にする

これまでの内容を踏まえた上で、私は、それでもあなたに勉強すること、そして、大人になっても勉強し続けることを勧めたいと思います。その理由は簡単で、私は勉強によって自分が変容し、そのことで自由になったという思いを個人的に抱いているからに過ぎません。

いまの学校の勉強は、高校や大学に入学する資格を得るための手段にすぎませんし、大人を含めてそのことを疑う人はほとんどいません。さらに、勉強ができれば人より優位に将来を選択できる（よりステータスの高い職業に就ける）権利を得られるというふうに、**勉強が人生で得をするための手段に成り下がってしまっています。**勉強は子どもが大人に成長するために不可欠と言われがちですが、資本主義に最大の価値が置かれた社会における「成長」は、結局のところ、相対的に他人よりできるやつになる、周りに勝てる人間になるというくらいの意味合いしかなく、人生の豊かさの本質とは無縁のものです。

では、勉強をする大きな効用がいったいどこにあるのかと言えば、それは**抽象を扱えるようになることです。**人間たちは、勉強を通して抽象の扉を開き、具体と抽象の間を往還することで、世の中を見る解像度を高める努力をしてきました。虚数を通してしか見えない世界の広がり、量子力学を通してしか実感にたどり着けない世界の深さは確かに存在するのです。抽象を通して具体を見ることで、目の前に広がるありふれた世界が全く別様になる。それがまさに勉強の醍醐味《だいごみ》です。

しかしこのことは、解像度が高いほど素晴らしい世界が広がるというような単純な話ではありません。大人と子どもの環境に対する反応を見比べてみるだけでわかりますが、子どもより大人のほうが見る解像度が高いから、大人はそのぶん世界の豊かさを堪能しているとはとうてい言えません。むしろ、大人は具体を具体のままに見る子どもの目を失ってしまったからこそ、それを取り戻すために抽象という代理物に飛び込んでいるのかもしれません。その意味では、**勉強は子どもの目を別のしかたで取り戻すことを通して自由になるためのものとも言えるのです。**

しかし、注意が必要なのは、このときの**「自由」というのは必ずしも世間で生きやすくなることを意味しないことです。**人間は自分の人生が動き続けることに負担を感じます。だから多くの人は大人になるにつれて、安定と安心を求める方向に進むものです。それに対し、**自由というのは常に自分自身が揺れ動くことを許容することであり、安定や安心とは真逆の価値観なのです。**

歴史や科学は学校で習ったままに信じていた方が世界は安定して見えます。人の優しさや同情心のような善いとされていることだって、そのまま素直に受け取っておいたほうが、誰とでもうまくやっていけるでしょう。しかし、**勉強というのは、そのような世間で正しいとされているものに対していちいちケチをつけるのです。**哲学者のデカルトは「方法的懐疑」といって、何でもかんでもとことん疑ってみることを提唱したのですが、それは「疑う」という行為自体が、自分という主体を支える特に肝心なものだということに気づいていたからでしょう。何も疑うことなく世界に流されるままに安心して生きる人生の中に「わたし」はなく、それでは生きる甲斐《かい》がないことを実感として知っていたのでしょう。

勉強に打ち込むことは、人生を不安定にしがちだし、他人にいまいち合わせられない(空気が読めない)ようなめんどくさい人を醸成する可能性をはらんでいます。でも他方では、人生の大切な局面においてそれが生き延びるためのスキルとして抜群の効果を発揮することもあるのです。勉強を通して身についた「疑う」姿勢が、周りに安易に「流される」という情動的リスクを大きく軽減させるのです。さらに言えば、知らず知らずのうちに世の中の常識的枠組みに苦しめられている人、それによって他人と自分を比較して強いコンプレックスを感じている人にとっては、勉強は社会的な常識や軋轢《あつれき》をぶち壊して、自分独特の人生を取り戻すための大きな起爆剤になります。

好きには嫌いが混じっている

大人は「あなたも勉強の面白さがわかったらもっとがんばれるのに」「勉強の楽しさを知ってほしい」とたびたび子どもに言いますが、**残念ながら勉強が楽しいなんて大ウソです。**少なくとも小学校から高校までの勉強は、野球で言えば素振りの練習みたいなものでまだ練習試合にもなっていない基礎的なものですから、面白いわけがないのです。しかも、いつもテストや受験に紐《ひも》づけされていて、点数というわかりやすい成果ばかりが求められていますから、ゲームでアイテムやHPを獲得するノリで得点を稼いでいける子以外は、なかなか勉強を楽しむきっかけを見つけられません。

先日、AIが生徒の弱点を分析した上で学習内容をカスタマイズし、「自分専用のカリキュラム」を作ってくれるシステムを導入している学習塾のニュース記事を読んだのですが、私はそんなバカなと思いました。なぜなら、それは勉強のさなかにある試行錯誤の機会を奪うということですから。面白くない勉強をやっているときに、唯一楽しいと感じられる瞬間があるとすれば、自分なりに試行錯誤して、それが解法や正答に結びついたときだけじゃないですか。勉強の中にある、ほんのわずかな楽しみさえも奪ってしまうなんて。ＡＩのようなイマドキで聞こえのいいものを利用してこんなシステムを考える人たちは、楽をする代償として何を手放しているかについて、あまりに無自覚すぎるのです。

いま問題なのは、多くの人が好きなことや楽しいことを理想化しすぎていることです。そのせいで、好きには嫌いがまざってるし、楽しいには苦しいがまざっていることが忘れられています。だからこそ好きや楽しいが実感できるという、自分の感覚に立ち戻ればたちまちにしてわかることがわからなくなっているのです。片方だけなんて手に入らないけど、それでも最後に絞り出して好きと言えたらそれでいいじゃないですか。

いつか勉強をやってよかったと思えるかどうかなんて人それぞれだから何とも言えません。これを書いている私はいつも「いま」の居心地が悪くて、そのせいか自分をいつも変容させたいと思うような物好きな人間だから勉強し続けたいと思うのですが、でも、勉強することは不安定さを認めることだし、別にいいことばかりでもないことがわかっているので、誰にでも無条件に進められるものではありません。

幸い勉強はいつ始めてもいいし、いつやめてもいい。その選択はあなたに開かれています。だから、やりたくなったときには勇気を出して始めてほしいし、やめたくなったら無理に続けなくていいんです。でも、一度やめてもまた始められることは、忘れずにいてほしいと思います。大人になると、私はもう勉強できないんだと諦めてしまう人が多いのですが、決してそんなことはありません。いつでもまた始められます。

将来の夢は何ですか?

この本の最後に、あなたにとって一番の関心事なのに、考えるのは気が重いあなたの将来について一緒に考えてみましょう。

あなたはきっとこれまでに「将来の夢は何ですか?」と何度も尋ねられたことがあるでしょう。この質問は学校で何度も回答する機会があるし、家族の団欒《だんらん》や親戚の集まりの中で大人たちから唐突に尋ねられることもあります。

そんなときに、将来なりたい何かがあって明確に答えられる人はうらやましいです。だって、将来の職業にしたいと思えるほど大切にしていることがあるなんてすごいことだし、しかもあなたはそれに向かってがんばることができるのですから。

でも、私がみんなと同じ十代のころを思い出すと、それを聞かれるたびに困惑しまくって、「あぁ、その質問むり……、ちょっと、ていうか、かなりウザい……」と思っていました。将来のことはよくわかりませんでした。やりたいことは音楽くらいだったし、自分の好きなことがお金につながるというイメージがちっとも浮かびませんでした。だから、自分の将来なんて考えたところで何も楽しくありませんでした。それどころかどうしようもなく暗澹《あんたん》たる気分になってしまうのです。高校に入るころには、将来の不透明さによるイライラがいよいよ自分の頭の中身の全体を占めるようになってきて、そのせいでひどく投げやりな生活を送るようになっていきました。

いまになって考えてみると、そのころの自分がなぜそれほどに将来を憂い、イライラを募らせていたかわかる気がします。理由としては、自分の将来の姿を想像することが難しかったことがあります。これを読んでいる高校生の中には、すでに手に職を持ち始めていて将来を想像できる人もいるかもしれませんが、少なくとも当時の私は、よい想像をするための材料を何も持ち合わせていませんでした。

退屈な授業や理不尽な校則を押しつけられる学校は、たとえ自分を損なわせても社会のルールに合わせて生きていかねばやっていけないことを教える訓練場みたいに思えて、生きる気概を奪うものでしかありませんでした。輝かしい未来を想像しようとしても、そのたびに自分の不甲斐ない現状を思い知らされるだけでした。そして、それにもかかわらず、何者かにならなければならないという焦燥感だけはしっかりと持ち合わせていました。高校生ってほんとうに辛いなあ、でも中学よりはちょっとマシな気がする。ということは、大学生になったら、きっといまよりは自由な世界で生きていくことができるんじゃないかな。そんな淡い予感を噛《か》みしめながら、まだ何者でもない自分に対して悶々《もんもん》とした気持ちを抱えていました。

現在の私は多くの受験生たちと関わる仕事をしていますが、やはり彼らも将来への漠然とした不安を抱えていることがひしひしと伝わってきます。そして、目標に向かってひた走ることができない自分に対して、はがゆい思いをしている人が多いと感じます。だから、あのときの自分に語りかけるつもりで、十代のあなたがいまとは別のしかたで将来について思考するためのヒントをこれからいくつかお話ししたいと思います。

大人は「やりたいこと」を選んでいるのか

自分がこれから何をして生きていきたいのか。これに対して明確に回答できる人は、実は大人にもほとんどいません。あなただけじゃない。大人だって、肝心なところは全然わからないままに生きています。

でも、十代のあなたはまもなく決めなくてはならない。どの大学に進学するか、どこに住んでどのような職業に就くのかを決めることで、自分の人生の道筋を作っていかなくてはいけません。だから、そんなあなたがよりよく意思決定できることを望んで、大人はあなたに「何をしたいの？」と尋ねます。

でも、このことが選択と決定についてあなたに大きな誤解を与える元になっています。あなたは当然こう考えるでしょう。「何をしたいの？」と尋ねる大人たちは、その人自身も自分がやりたいことを能動的に選びとった結果、いまのその人があるはずだと。でも、これが違うんです。やりたいことを選びとった結果、いまの自分になった大人は確かに存在しますが、かなり少数派です。多くの人にとっては、選びとるというよりは、**周囲の人たちや環境の中で何かに突き動かされるようにして決めた、そして決めた先で人生が変転していった、というのがより実感に近いはずです。**

だから、将来の夢を定めてそれに向かって進んでいくという設定自体、ほとんどの人にとって現実離れした話であって、あなたはそんな作り話に無理して付き合う必要はないのです。だって、あなたの未来は、多くの場合そのような形で開かれるものではないのですから。そもそも、将来の夢を定めることが常に良いことなのかという点は疑われてしかるべきです。

大人がなぜ性急に子どもに将来の夢を持つことを求めるかといえば、「夢があったほうが努力できるから」「目標があったほうが勉強をがんばることができるから」という発想があるからです。でも、私はこれまでにたくさんの子どもの勉強を見てきましたが、**夢や目標がある子はがんばれて、そうじゃない子はがんばれないという傾向は見られません。逆に、勉強のやる気がないからといって夢を実現させる力が弱いというわけでもありません。**大人は「目標をもつ」ことを称賛しますが、目標とか「めあて（＝目当て）」とかって、文字通り未来のひとつの点に照準を合わせて進むことが求められるわけで、それだとどうしても見える範囲がせまくなってしまうという弊害もあります。

目標達成のためには、各人の言動の一貫性を高めることが求められます。なぜなら、一貫性があったほうが意味存在としての人間の記号的価値が上がるからです。そして、効率性が高まるからです。これは、私たちが行動を起こし、継続するためのひとつの条件であり、ゆるぎなく大切なことです。でも、人間らしさに関わっているのはむしろ一、、、貫性がないことの方なんです。そのつどに湧き上がる新しい現実に対応しようとすれば、一貫性はたやすく崩れてしまいます。そして、一貫性を保つことよりも、そのつどに最適解を求め続けることのほうが実はずっと大変なことです。

自分の特性を見極め、自分の欲望を見つける

将来の夢に向かって一途に突き進むことには良いイメージしかありませんが、実際のところは、小学校のときに将来の夢が決まって、それを抱いたまま中学、高校に進んでる子って、視野がせまいなと思うことがときどきあるんです。将来の夢に向かってがんばってるようすを見ながら、つくづくすごいなと思う一方で、なぜそんなに早く自分の可能性を絞り込んでしまったの？　ともったいなく思うこともあります。

私は先ほど、将来の夢がある人はうらやましいと言いました。半分は実感としてほんとうにそう思っているのですが（だって、子どもたちが将来の夢を語るのって、それが到底無理なデカい夢であればあるほど輝かしいです）、でも残り半分はちょっと疑いの目で見ています。あなたは

ほんとうに自分の欲望を知った上でそれを選んだの？　と考えてしまうんです。

夢を実現させたのはいいけど、実際にやってみると自分の適性には必ずしも合わなかったという大人はたくさんいます。例えば、みんなの学校の先生たちって夢があってその職業に就いた人が多いのですが、先生たちがみんなその職業に向いてるかっていうとそうじゃないですよね。いったいこの人、どうして先生やってるんだろうという人もいる（こんなこと言うと先生たちにほんとうに失礼なんだけど、実際のところそうなんだから仕方がないです）。だから、いろんな学問や人と出会って、自分の好き嫌い、向き不向きがわかった上で仕事を選ぶことは大事なことです。それがわからないまま仕事に就くと、いつの間にか自分に合わないこと、やりたくないことを仕事にしてしまうかもしれないからです。

その意味で、あなたがもし将来の夢を早く決めなくてはいけないと焦っているとしたら、そんな考えは捨ててしまったほうがいいんです。むしろ、そんな状態なら将来の夢は早く決めないほうがいい。それよりも、いまの出会いを楽しみ、出会いによる自分の変化を味わうことのほうが、あなたの将来をよいものにする力があります。

巷《ちまた》では主体的に職業を選択していくことが重要だと考えられていますが、これはちょっと違いますよね。私たちが「選ぶ」ときには同時に選ばれなければなりません。交際相手を自分の意志だけで選ぶことはできないように、仕事だって同じなんです。私の特性（適性や特徴）を相手（仕事）が認めてくれた上でないと、いい仕事はできません。仕事で失敗した大人たちの多くは、そのことを見落としたまま現場に飛び込んでしまった人たちです。この意味で、自分の特性を見極める作業は不可欠で、同時に自分の欲望のありかを知ることも重要です。その人が自分の夢だと大切に胸に抱えている中身が、親や社会の眼差しといった他者の欲望に乗っ取られたものであることも多々あるからです。

夢や目標があると言う子どもも、それが内発的な動機によるものかどうかという点では疑わざるを得ない子は多いです。親の前で言ってみたらすごく喜んでくれてうれしかったことが夢の原点になった子もいて、彼らはいまさら夢の手放し方がわからなくなっている場合もあります。そんな子どもに対して、夢を叶えたいならがんばらなくちゃね、と親が声を掛けるのは、親子関係の地獄のひとつです。子どもはこうして、夢という呪縛から抜けられなくなるのです。そんな子どもたちに、「あなたの夢は死んでいるよね」と声を掛けたくなったことも一度や二度ではありません。**だから、自分の「将来の夢」**

を見定めたいなら、他者の欲望にまみれていない自分独特の欲望を見つけることから始めなければならないのです。

「選択」よりも目の前に没入する

あなたは今日も、不甲斐ない自分を呪っているかもしれません。でも、あなたがいつでも疑うべきことは、**自分が大人から与えられた思考の枠でしか考えられなくなっているせいで悩んでいるのかもしれない**ということです。悩んでいるときには、たいてい自分の捉われに気づくことで新たなスタートを切ることができることを忘れないでください。

将来の目標を決めることができない自分を恥ずかしく思う必要はありません。早く志望校を決めなさい、将来何になりたいかそろそろ決めたほうがいい、そんなふうに周りの大人から決断を迫られるかもしれませんが、そんなの合理的に決めることなんてできないんです。

あなたはいずれ、何かに突き動かされるようにして決めることになります。だから、そのときまでは、とにかく目の前のチマチマしたやるべきことに没入することが大切です。いまこれをやっていることで私の将来がよくなるんだろうか。そんなことを考えてみても不安になるだけです。この意味では最近、学校に導入された「キャリア・パスポート」（＊注）なんかは最悪で、こんなものとマトモに向き合っていたらあなたは将来のことがますます不安になるだけですからマジメに取り組まないでくださいね。あなたの夢さえも管理しようとする学校のやり方に易々《やすやす》と従う必要はありません。

あなたはこれからもいくつかの岐路に立たされ、選択を迫られます。でも、人生ってそんなに二者択一のものではありません。あなたが選びとらなかったもうひとつの人生は、あなたの無意識の中にこれからも力強く存在し、あなたの未来を照らし続けます。だから、ひとつの選択をあまり特別なものと考える必要はありません。その選択は、さらに枝分かれしていくあなたの道筋の始まりにすぎず、どっちみちあなたの道筋は一本道ではないのですから。このことを知っていれば、選択を誤ったことや、偶然的に自分

注：児童生徒たちが小学校から高校まで、みずからの学習状況やキャリア形成を見通したり、振り返ったりしながら、自身の変容や成長を自己評価できるよう工夫されたポートフォリオ／文部科学省の資料より。一五四頁を参照のこと。

が選別から漏れてしまったことをことさらに恨む必要はなくなります。

あなたは、選択し決定したその後に自分と出会い直すことになります。選択と決定の先に、いつのまにか新たな自分が生まれていたことに気づくのです。そして時間の重なりを経て、こうでしかありえなかった自分を認めたとき、あなたはさまざまな選択を経ていまの自分になったという事実を受け止めるに至ります。そのときに、あなたはどうにか生き延びてきたなあという実感が初めて手触りとして感じられるようになります。

どうかいくつになっても、自分独特の生き方を手放さないでください。働くことで心を消耗し、生きることの楽しみを奪われないために、あなたがこれからどのような道を歩んでいけばよいのか、緩やかに考えていってください。

あとがき

十代というのは、人生の中でも悩みの多い時期です。

なぜそんなに悩むのかといえば、たとえば、勉強しなさいという大人の要求や、規則を守れという社会の圧力が、自分の欲求に合わないと感じるからでしょう。そして、教師や友人たちから軽んじられ、ぞんざいに扱われる経験を通して、自分が他人から一人前と認められていないことを心細く思うからでしょう。自分という輪郭が少しずつはっきりしてきたにもかかわらず、それを十全に受け止めてくれる存在がなくて、この世界に自分の居場所がないと感じられるのです。

でも、その悩みはあなたが抵抗の拠点を持っていることを意味しています。悩む力こそが、あなたを十全に生かす可能性を広げるものなのです。

世の中にはあらゆる権力が交錯していて、その力を調整するのが政治のはたらきです。

権力は国家や偉い人だけが持っているような特別なものではなく、身近な学校や家庭にもはっきりと存在しているものです。しかし、**教師や親などの大人がその権力を振りかざすときには、その表面が「正しさ」で覆われているために、子どもは自分が何をされているかもわからないままに一方的な暴力を浴びてしまうことがあります。**

でも、そんなときに、あなたは自分なりの抵抗を試みてきたはずです。親に口ごたえして歯向かったり、教師の悪口を言ってみたり、今日は学校に行かないと部屋に閉じこもったり……。

抵抗というのは必ずしも具体的な相手に対してやり返すことを意味しません。イヤだと思ったり、ダメだと思ったりすることがすでに抵抗ですし、もっと心身が追い詰められて、体が動かなくなったり、発熱して寝込んでしまったりすることだって全身全霊の抵抗のあり方です。

だから、あなたが気づくべきことは、自分自身が抵抗する力を持っているということです。たとえば、今日学校に行けない人がいるとして、それをいくら周りの大人たちが否定的に捉えていたとしても、それはあなたなりの抵抗であり、それ自体があなたの生きる力の現れなのです。でも、そのことを知らない人にとっては、「あなたは弱いから」と周りに否定的な言葉を浴びせられるのは、生きる力を否定されているのと同じことです。だから、いつのまにかその力を奪われ、どうしようもなく身動きが取れなくなってしまうのです（いいですか。これは身に覚えのあるあなたに言っているのです。あなたは決してもともと無力だったわけではありません。そうでなくて、周りの大人たちがあなたを無力化し、あなたはそれを受け入れてしまったのです）。

大人たちは良かれと思ってあなたにさまざまなアドバイスをしてくれます。でもその多くがむしろあなたを「正しさ」でがんじがらめにしてしまう言葉ばかりなんです。あなたに必要なのはみんなとは違う自分独特の生き方を見つけることなのに、大人があなたに耳打ちするのは、どうすれば「普通」になれるか、みんなとうまく合わせられるかということばかりなんです。

こんなことを言うと、でも私には独創性がない。個性が足りないから普通でいい。そういうふうに言う人がいます。私はいまの状態のままで安心していたい。そうやって、自分の人生が動くこと、他の人たちとの間に距離ができることを嫌う人が多いのです。

でも、この世界には初めから特別な個性や独創性が存在しているわけではありません。なぜならそれは自ずと現れるのですから。食器ひとつ洗うにしても、歯を磨くにしても、そのひとつひとつにあなたの生きる道が現れます。視界が悪い時には抜け道を探さなくてはならないし、人との関係の中で不整合があれば何とか辻褄《つじつま》を合わせなければいけません。**それらの個別的な営みがすでに抵抗なんです。「正しさ」の論理では決して追いつけない個別への生きた対応こそが独創であり、それを地道に続けていくことだけが「正しさ」らしさへの抵抗になりえるのです。**もしあなたがいまより豊かな人生を望んでいるのであれば、それはその抵抗のずっと先に現れる独特な穏やかさのことを言うのでしょう。

この本では、いまの世の中のどこに抵抗のポイントがあるかを明らかにするとともに、自他の抵抗のありかに気づくことを主題に、あなたの身の回りにある話を書き連ねてきました〈ほんとうは抵抗のポイントを種明かしするなんて粋じゃないのですが、ジェントリフィケーション〈＊注〉

が進んだきれいな社会においては、ことごとくそのポイントが隠されてしまっているので、読者に真実を見るための赤いピル〈映画「マトリックス」〉を飲んでもらう必要があるのです）。

具体的には、あなたが抵抗のありかを見抜くためのトレーニングとして身近な学校や家庭における権力の構造について解説しました。また、現代用語（「ワンチャン」「親ガチャ」「推し」など）や金融資本主義の中に隠された欲望などのトピックを通して現代的課題を明らかにしました。課題といってもそれが決して一方的に悪いからダメということではなく、現実はもっと複雑なのだということについて多くの言葉を割いてきました。

いまはとにかく重いことやわかりにくいことが敬遠されがちで、複雑な厚みを持つ人間よりも単純明快なキャラが求められるようになりました。そして、多様性（＝ダイバーシティ）の旗印のもとで現実化したのは、多様な逸脱を認める鷹揚《おうよう》さではなく、逸脱のすべてを「普通」の中に包摂（＝インクルージョン）することで、はじめからなかったことに

注：一般には、都市の再開発などによる土地の高級化により、その地域住む人々の階層が上がると同時に地域全体の質が向上することを意味する。地域の裕福化の過程で、貧困層やホームレスの締め出しなどを通して、もともとあった問題をなかったことにする社会的欺瞞が蔓延《はびこ》っていることから、ここでは批判的ニュアンスで用いている。

してしまおうという世界のクリーン化でした。このことを通して、表面的なきれいさに覆われた軽やかな社会の「正しさ」は、単に自分が周りとうまく歩調を合わせられているかどうかを確認するための平板なものになりました。

周りと歩調を合わせられていることを実感するのは、安心のもとですよね。だから、親は一貫してあなたに「普通」であることを求めてきましたし、就職活動では皆が「正しい」身なりとしてのリクルートスーツで会社に向かうのです。こうして、うわべだけの多様性のもとで、世界の価値観はますます均一化の方向にひた走っています。

このような皆が同じ方向を向いて進むあり方、さらに言えば、皆が我慢して同じ方向を向いて進んでいるときに、そこから逸脱する人間をよってたかって指弾するような管理社会のあり方は、ほんとうに恐ろしいものです。私はこの本の全体をとおして、そのことを言い続けてきました。作中の亜美さんや想起くんたちを追い詰めたのはまさにそれだし、そのことに疑問をもたないお前のせいでそうなるんだ、いいかげん気づけよ、うかうかしているとお前だっていつか奴らにやられるかもしれないんだと、叫び声を上げてきました。

その意味において、この本は「あなたはいつまでも純粋な子どもでいてほしい」というような子どもに対する大人の幻影を反映するようなものにはなりえませんでした。むしろ、個別的な状況の中でその複雑さを見抜くこと、そして適切な政治力を身につけて、それを武器に自分独特の人生を生き抜くことを提案するものとなりました。この必然を少しでも読者と共有できればと思います。君は君の人生の主役になれ。

ちくまプリマー新書

287 なぜと問うのはなぜだろう　吉田夏彦

ある／ないとはどういうことか？　人は死んだらどこへ行くのか――永遠の問いに自分の答えをみつけるための、哲学的思考法への誘い。伝説の名著、待望の復刊！

266 みんなの道徳解体新書　パオロ・マッツァリーノ

道徳って何なのか、誰のために必要なのか、副読本を読んでみたら……。つっこみどころ満載の抱腹絶倒の話、意味不明な話、偏った話満載だった!?

405 「みんな違ってみんないい」のか？――相対主義と普遍主義の問題　山口裕之

他人との関係を切り捨てるのでもなく、自分と異なる考えを否定するのでもなく――「正しさ」とは何か、それはどのようにして作られていくものかを考える。

282 歴史に「何を」学ぶのか　半藤一利

「いま」を考えるための歴史へのアプローチ！　歴史探偵への目覚め、天皇退位問題の背景、アメリカの現在と過去……未来へ向けた歴史の学び方を語り尽くす。

258 戦争とは何だろうか　西谷修

戦後70年が過ぎ戦争の記憶が薄れかけている今、実は戦争は近づいてきている。どのように国や国民は巻き込まれていくのだろう？　戦争とは何かを考える一冊。

ちくまプリマー新書

003
死んだらどうなるの？
玄侑宗久
「あの世」はどういうところか。「魂」は本当にあるのだろうか。宗教的な観点をはじめ、科学的な見方も踏まえて、死とは何かをまっすぐに語りかけてくる一冊。

162
世界の教科書でよむ〈宗教〉
藤原聖子
宗教というとニュースはテロや事件のことばかり。子どもたちは学校で他人の宗教とどう付き合うよう教えられているのか、欧米・アジア9か国の教科書をみてみよう。

067
いのちはなぜ大切なのか
小澤竹俊
いのちはなぜ大切なの？――この問いにどう答える？子どもたちが自分や他人を傷つけないために、どんなケアが必要か？ホスピス医による真の「いのちの授業」。

401
学校はなぜ退屈でなぜ大切なのか
広田照幸
「道徳は教えられるか」「学校の勉強は仕事に役立つか」「教育は格差を解消できるか」「ＡＩ社会で教育は変わるか」――広い視点と多様な角度からとらえなおす。

074
ほんとはこわい「やさしさ社会」
森真一
「やさしさ」「楽しさ」が善いとされ、人間関係のルールである現代社会。それがもたらす「しんどさ」「こわさ」をなくし、もっと気楽に生きるための智恵を探る。

ちくまプリマー新書

079 友だち幻想
――人と人の〈つながり〉を考える
菅野仁
「みんな仲良く」という理念、「私を丸ごと受け入れてくれる人がきっといる」という幻想の中に真の親しさは得られない。人間関係を根本から見直す、実用的社会学の本。

156 女子校育ち
辛酸なめ子
女子100％の濃密ワールドの洗礼を受けた彼女たちは、卒業後も独特のオーラを発し続ける。文化祭や同窓会潜入も交え、知られざる生態が明らかに。ＬＯＶＥ女子校！

169 「しがらみ」を科学する
――高校生からの社会心理学入門
山岸俊男
社会とは、私たちの心が作り出す「しがらみ」だ。「空気」を生む社会そのものの構造を解き明かし、自由に生きる道を考える。ＫＹなんてこわくない！

196 「働く」ために必要なこと
――就労不安定にならないために
品川裕香
就職してもすぐ辞める。次が見つからない。どうしたらいいかわからない。……安定して仕事をし続けるために必要なことは何か。現場からのアドバイス。

222 友だちは永遠じゃない
――社会学でつながりを考える
森真一
親子や友人、学校や会社など固定的な関係も「一時的協力理論」というフィルターを通すと、違った姿が見えてくる。そんな社会像やそこに見いだせる可能性を考える。

ちくまプリマー新書

238 おとなになるってどんなこと？ 吉本ばなな

勉強しなくちゃダメ？ 普通って？ 生きることに意味はあるの？ 死ぬとどうなるの？ 人生について、生まれてきた目的について吉本ばななさんからのメッセージ。

276 はじめての哲学的思考 苫野一徳

哲学は物事の本質を見極める、力強い思考法を生み出してきた。誰もが納得できる考えに到達するためのその思考法のエッセンスを、初学者にも理解できるよう伝える。

226 何のために「学ぶ」のか ――〈中学生からの大学講義〉1 外山滋比古／前田英樹／今福龍太／茂木健一郎／本川達雄／小林康夫／鷲田清一

大事なのは知識じゃない。正解のない問いを、考え続けるための知恵である。変化の激しい時代を生きる若い人たちへ、学びの達人たちが語る、心に響くメッセージ。

227 考える方法 ――〈中学生からの大学講義〉2 永井均／池内了／管啓次郎／萱野稔人／上野千鶴子／若林幹夫／古井由吉

世の中には、言葉で表現できないことや答えのない問題がたくさんある。簡単に結論に飛びつかないために、考える達人が物事を解きほぐすことの豊かさを伝える。

228 科学は未来をひらく ――〈中学生からの大学講義〉3 村上陽一郎／中村桂子／佐藤勝彦／高薮縁／西成活裕／長谷川眞理子／藤田紘一郎／福岡伸一

宇宙はいつ始まったのか？ 生き物はどうして生きているのか？ 科学は長い間、多くの疑問に挑み続けている。第一線で活躍する著者たちが広くて深い世界に誘う。

ちくまプリマー新書

229
揺らぐ世界
――〈中学生からの大学講義〉4
立花隆／岡真理／橋爪大三郎
森達也／藤原帰一／川田順造
伊豫谷登士翁
紛争、格差、環境問題……。世界はいまも多くの問題を抱えて揺らぐ。これらを理解するための視点は、どうすれば身につくのか。多彩な先生たちが示すヒント。

230
生き抜く力を身につける
――〈中学生からの大学講義〉5
大澤真幸／北田暁大／多木浩二
宮沢章夫／阿形清和／鵜飼哲
西谷修
いくらでも選択肢のあるこの社会で、私たちは息苦しさを感じている。既存の枠組みを超えてきた先人達から、見取り図のない時代を生きるサバイバル技術を学ぼう！

305
学ぶということ
――続・中学生からの大学講義1
ちくまプリマー新書編集部編
桐光学園＋
受験突破だけが目標じゃない。学び、考え続ければ重い扉が開くこともある。変化の激しい時代を生きる若い人たちへ、先達が伝える、これからの学びかた・考えかた。

306
歴史の読みかた
――続・中学生からの大学講義2
ちくまプリマー新書編集部編
桐光学園＋
人類の長い歩みには、「これから」を学ぶヒントがいっぱいつまっている。その読み解きかたを先達に学び、君たち自身の手で未来をつくっていこう！

307
創造するということ
――続・中学生からの大学講義3
ちくまプリマー新書編集部編
桐光学園＋
技術やネットワークが進化した今、一人でも様々なことができるようになってきた。新しい価値観を創る力を身につけて、自由な発想で一歩を踏み出そう。

chikuma primer shinsho

ちくまプリマー新書 412
君《きみ》は君《きみ》の人生《じんせい》の主役《しゅやく》になれ
二〇二二年十月十日　初版第一刷発行

著者　鳥羽和久（とば・かずひさ）
装幀　クラフト・エヴィング商會
発行者　喜入冬子
発行所　株式会社筑摩書房
東京都台東区蔵前二－五－三　〒一一一－八七五五
電話番号　〇三－五六八七－二六〇一（代表）
印刷・製本　株式会社精興社
ISBN978-4-480-68438-7 C0210 Printed in Japan